歷代神仙通鑑(七)

康

元徹

新刻陳眉公先生評訂神仙鑑三集卷之十七

林屋扶搖秘本　　江夏明陽宣史徐衛述

汝南清眞覺姑李理贊

○契宗仁專求白皎　○○鄭又玄三遇太清

時有縉雲僧少康遊至睦州日乞食城中得錢誘小兒誦阿彌陀佛一聲遺其一錢康聲獨高衆見佛從康口中出二施回睦訪謁康與客談竟日其夕立而西逝有光燭天二吾爲其合龕葬於龍門有司以聞賜號廣道大師明年杜眞人至西山欣然曰昨遇元柳二子得遊玉壺復歸此嶽也元和初有元徹柳實居衡山俱有從父爲官浙右[illegible]

柳賓

李錡

孟虛師

李錡係唐宗室、廢爲庶人、逆黨連累、竄於驩愛二州、徹實結行李錐省、至廉州、欲越海抵交趾、艤丹合浦岸、有村人饗神簫鼓喧譁、舟人僕隸齊往看之、夜將半、颶風歘起、斷纜漂入大海、擺播數四、幾欲傾沉、風少息、得傍孤島、二人愁悶、强陟見天王尊像、瑩然、於嶺所周覽之次、海面有巨獸出、首四顧、若有察聽、劍牙電目、良久而沒、遂巡嶺、有紫雲湧出、漫衍數百步、中有五色大芙蓉、高百餘尺、內有帳幄、錦繡錯雜、耀奪人眼、忽展虹橋、直抵島上、俄有雙鬟侍女、捧玉合持金爐、自蓮葉而來天尊所、易其殘燼、炷以異香、二人叩頭求返人世、女曰、何處至此、具以實白、女曰、少頃玉虛尊

師與南溟夫人會於何處、請將有所遇言訖、有道士乘白
鹿駁彩霞降於島上、三人泣拜、師憫曰、予可隨此女謁大
人、當有歸期矣、二人受敎、至帳前拜謁、見其中女子未笄、
衣文彩、玉肌膩艷、神澄氣肅、二子其告設二榻、命坐、俄頃
師至、夫人迎拜、同坐、仙娥數輩奏樂、鸞歌鳳舞、雅合節奏、
二子恍若夢於鈞天、忽有玄鶴銜彩牋飛至、曰、千歲公聞
尊師赴南溟會、暫請枉駕、師曰、與安期間濶已久、無因訪
話、尋當至彼、夫人保侍女進饌、玉器先潔、夫人對食、師曰、
二子雖來、合得嘗為求人間味、遂別進饌、師去、顧二子曰、
邂逅相合、有靈相睨、但子宿分自有師晉、不當為爾師耳、

侍女 求詩 番禺少年 回雁峰 使者

乘鹿游波而去、夫人覩曰、逸容所乘何物、一侍女曰、百花橋可敵、二子拜別夫人、贈玉壺一枚、高尺餘、贈詩曰、

蓬花一葉舟中來、去向百花橋上去、若到人間叩玉壺、鸞鶴自解分明語。

橋長數百步、欄檻上皆異花、二子於花間潛窺千龍萬蛇交繞橋柱、侍女曰、欲奉託一事可否、答曰、水仙陰也、而無男子、昔遇番禺少年、情愛之至而有子、未三歲、合棄、夫人命與南嶽神為子、因回雁峰使者有事於水府、返日憑寄吾子所弄玉環往遺之、我頗恨、遂於懷中開解一琥珀合子、中有物[illegible]蛛、知狀與曰、[illegible]二[illegible]同持此合訪使

太極先生
杜沖

者廟投之當有異變倘得玉環爲送我子亦自當報効慎
勿歆之二子曰師云自有師應是誰曰南嶽太極先生遂
別橋畫所即皆合浦泊處回視無橋矣詢於人曰十二年
前有舟飄去不返更訪驩愛親屬已殞謝無人（時蓋元和末年）將
歸衡山中途因餧試叩玉壺有鶯鶯語曰欲飲食前行自
遇俄而道左有盤餌豊備食之數日不知他味尋至家妻
室童稚一月前相繼棄世二子體已清虛不甚悲慼相與
訪至使者廟投合條有黑龍長數丈激風噴雹折樹揭屋
霹靂立碎其廟玉環墜室取送南嶽廟及歸有黃衣少年
持二金合至曰水府令送此藥名還魂膏報二君子人

歐陽翼　李儀　李珏

雖日滿甲子猶能塗頂而活二子即以活妻小像共當木
訪太極無影響悶而却歸因大雪見老叟負樵而觸二子
哀其衰邁飲以酒見樵擔上有太極字遂禮而爲師以玉
壺告叟曰吾貯玉液者亡來數十甲子甚喜見之二子因
隨詣祝融峰修道後俱得仙遊行南方聞柳州多興政常與
往來敷玄柳務德化民其郡以男女質錢爲奴婢與民設
法悉令贖歸衡湘以南士皆北面稱弟子嘗與鄰將歐陽
翼等飲於驛亭曰明歲吾將死死而爲神常廟祀我及期
果死翼等立廟以祀號柳侯祠過客李儀醉酒慢辯於堂得疾扶出廟即死
愈爲作碑記帝遊畋聲色賜與無節捨遺李珏師同僚上

趙知微

長慶

李紳

李德裕

跣優詣答之衡嶽山人趙知微乃晦識亦不之罪辛丑春

睦州山有五色雲現百官稱賀建元長慶分水縣桐廬水中分名五雲山

山廖雲以李紳李德裕為翰林學士紳未第時與二友止華

陰西山僉村叟有賽神者來邀紳不往二友赴焉夜分雷

雨甚聞堂前有聲詠窺之一皓眉叟東坐青童執香爐拱

於後具衫履出拜叟曰識我乎曰小子未嘗拜覩叟曰子

知唐若山乎吾處北海久矣今夕南海諸仙會於羅浮吾

將往赴過華山龍鬬散雨滿空惡其狼藉故止此耳子能

隨吾一遊乎紳曰甚願有頃雨霽叟袖出一簡若笏狀授

長丈餘橫拙潤數尺緣卷底拗宛然如舟叟登之居前令

段文昌

紳居中、童居後、戒曰速閉目、似逆江海、遨遊舟止、開目已在一山、樓臺差參、簫管嘹亮、雲中端雅士十餘人、迎叟揖紳問何人、叟曰李紳耳、羣士曰異哉、公無窮、果能來人世凡濁苦海、非淺、自非名繫仙籍、何路得至、叟令紳遍拜士曰能從吾乎、紳未應、羣士知其念家、曰塵俗尚重、此生猶泥幻界、異名崇官無不得者、守正修靜、勉之勉之、紳辭歸、叟復令合目、有物若驢狀、命乘之、又覺走凌風濤、悶甚開目即墮地、而失所乘、仰視星漢、近五更、似在華山北、徐行數里、逢旅店、乃舊所識者、二友與僕、方走訪、捫邊胼折徙紳以他辭對、自是登第時[illegible]、紳[illegible]與交

周隱克 楊隱之 唐居士 道閑

結有客周隱克善數術文昌敬異之一日別去南遊於郴寓山人楊隱之家聞有唐居士咸謂其百歲偕隱之往謁居士留飲至夜半一女曰可將一箇弦月子來女遂貼片紙於壁唐起祝曰今夕有客可暢光明言訖一室晃朗俄而酒盡楊命取果米投藥飲之眞美酒也周曰爲取小物佐酒於袖出洞庭橘夏熟黑色而滿盤如新摘者歡飲達曙居士曰吾少居長安聞有洞庭周先生得非君乎周曰然唐曰若是則與君有世誼吾固東園公後昔遇而傳道閑曰厭世時可至衡洛相尋今將往焉叩楊君之師魏夫人也各加敬禮周別唐楊歸吳有蜀僧道閑同一虎面行者

劉總
朱克融
王庭湊
韋常
許氏
總笄
韋小真

東行云在遼右度此入爲徒將復尋有根行者歸教周知
其颯巳矣而未答初盧龍節度劉總感道閑之化棄宮爲
僧將佐推朱滔孫克融爲留後成德田弘正爲王庭湊所
殺部裴度爲都招討使度有故友尚書韋常家向居東京胡
書卑妻許氏性甚熟詩禮二經事舅姑以孝聞常卒唯
一女年十二甚聰慧已能記易及詩忽無疾而亡不忍遠
葬殯於堂側數日忽殯宮中語許同侍婢總笄發棺巳生
言初見二青衣童持紅旛來庭呼曰韋小真與天上召汝引
而上昇見宮闕崇麗夫人皆衣錦繡五彩金冠玉珮傍多
玉童玉女花木如琉璃寶玉風動有聲如樂曲鏗鏘入宮

○鱷魚、

○○半偈

○○白陽

見司命韓君曰、汝九世祖有功於國有惠及人。近已擢爲地下主者遷地仙之品、汝母心於至道合陟仙階、即令汝延於丹霊之闕、遂使童送歸母可沐浴太乙使者將到矣、許常持妙眞經性往感致異香及殊常光色巳十餘年、後三日果有仙樂下其庭、龍虎侍衛三十餘人尊從其母女侍婢而去、長慶元年冬十月也、時裴度爲東都留守、奏其事、詔建小眞道院、壬寅春帝召還韓愈、愈初至潮、問疾苦。民曰、鱷溪有鱷魚爲害、大如舡、牙鋸齒、尾有三鈎、食近處極利、遇物即以尾戟之、民畜且盡、愈即作文驅之。是夕風雷大震、鱷魚西徙於海、始潮人未知學、立學校教之。潮僧半偈、姓楊號大顛、初與白陽同師玄覽禪師、白陽臨川王姓、元和中出家白陽院

十第十一節　六

李聽

樊宗仁

王升

苦修勤行。一日、忽倚鐘而化、人推仆地、折齒、尻復自起立。里人投於水、三日泝流、故處衆異之、塑其骨祠之、祈禱多應、大顛、久居羅浮、後歸潮州、結茅於瀕海、愈聞其頗明理學、乃留十餘日、實能以理自勝、不爲事物侵亂、與語雖不盡解、要自胸中無滯礙、愈以爲難得、因獨與往來、復攺袁州、尋被詔還、二州民各建生祠、愈入拜吏部侍郎、往成德宣慰、廷湊謝罪、河東節度李聽愬第上言裴度重臣宜召入輔政。度有從事樊宗仁、河陽人、少時客遊鄂渚、途中頗爲舟子王升所侮、宗仁方舉進士、力不能制、至江陵、具訴於在任、因重笞升、以他舟上峽、不旬日、而斷乘之舟、飄然失纜、

山獠

獠且知義

白皎

篙不能持。舟人曰。此為仇人所禁矣。不五百里。當歷石灘必觸碎沉溺。不如先除宗仁。乃與僕登岸。以巨索繫舟循行。翼日至灘所。舟果奔駭狂觸。須臾瓦解。峽路深僻。上下數百里都無居人。與僕蔭於樹下。憂悶無措。飢餒殆絕。忽有山獠五人。貌態殊惡。挾利兵。睥顧睢盱。宗仁因大語曰。吾不幸。器物蕩沒。爾輩圓首橫目。曾不傷急。而乃瞷然笑侮哉。爾家近者可遽歸營飲食。以濟吾之將死。山獠相視。遂令二人去。未頃負米肉鹽酪而至。賴以濟活。因告舟破之由。獠曰。峽中行此術者甚衆。南山道者白皎得白石老人傳道法術通神。試為一請。明日皎果至。姿狀山野。宗仁

具訴皎笑曰瑣事耳爲君召斬之因薙草規地爲坛列刀
水皎立中央夜闌月曉水碧山青杉桂朦朧溪流悄杳皎
引氣呼召王升發聲清長激響遼絕達旦無至者皎又詢
曰莫不自爲風水所害宗仁暨舟子又實告皎曰若然安
所逃哉請郎君三代名諱復入深遠別建壇墠再召長呼
如昨夕山中忽有應者咽絕因風始聞久乃至則升也皎
責其奸蠹數以罪狀升稽顙流血皎叱曰全爾腰領當百
日痢血死升號泣去皎告辭宗仁解衣以贈笑而不受頃
有舟至宗仁進江陵訪升是夕染血痢果十旬而死宗仁
既爲東京從事度被召入都宗仁遂解職遠送度曰邪術

橫行劍客蜂起相公入秉銓衡當億兆平之患復作度謝

李逢吉

之有告元稹結刺客謀度帝怒皆罷之以李逢吉同平章事癸卯春以牛僧孺同平章事初為河南伊闕縣尉每僚佐有入臺省者縣前水中先有灘出石礫金砂澄澈可愛一日報灘出邑僚列從觀之老吏曰此必分司御史若西臺當有雙鸂鶒立僧孺祝曰既有灘何惜鸂鶒宴未竟一雙飛下不旬日召拜西臺御史

鄭注

初翼城鄭注以醫遊四方

王守澄

李愬餌其藥有驗署為牙推監軍王守澄入知樞密薦注於帝令修延生藥復遣使至吳蜀閩楚訪求異人靈藥蜀

費雞師

客費雞師目赤無黑睛能為人解疾其法必用一雞設祭

段成式

於庭踏步作氣噓咒雞旋轉而死其疾即愈段太昌子成

永安

式家奴永安不信師謂曰爾有大厄因丸符逼令吞之去

滄海 鄭文叔 洛陽客 敬宗湛 張權輿

其左足鞋襪符展在足心又謂奴滄海曰爾將病令祖而
貧戶以筆再三畫於外犬言曰過過墨迹遂遂其背嘗告
人曰長房吾祖也成式欲薦于朝已不見矣初柳泌既誅
方士畏避及注用事復因之以進帝餌金石之藥閉攝靜
養容求道術之士時泉州紫帽山有紫雲如蓋鄭文叔曾居此
修煉有客洛陽者遇一羽衣令寄書鄭眞人客問之曰即
文叔也及歸致以書文叔遺藥來半升還視乃金粟因號
金粟洞帝命中使聘之文叔笑辭不赴帝於甲辰春正服
金丹暴崩在位四年壽三十歲太子即位爲敬宗逢吉所親厚者張權
與李虞等時人目爲八關十六子虞信州人少與楊虞卿遊華

李虞

[illegible]校

四杜子華

山窮搜巖石、遇景物佳處、盤桓吟詠、至一小洞、高數尺、不三四步漸高、路亦平易、約行四五里、不能達、擬回又不可凡相勉而進、更二三里、稍明、至洞口、時已申酉、川巖草木不似人間、有耕者覩二人、頗有驚異意、乃具言之、更二里餘有佛堂數人、方飲茶、次因往求宿、內一人曰、須報洞主遂巡有紫衣乘小馬、從者四五、呵路而至、相見拜起甚雅問所來、一人倫爲述之、紫衣曰、此處偏陋、請至某居處、遂步上一府署、多竹堂屋、甚潔、人吏數十、坐而言曰、某姓杜名子華、逢亂避世、遇仙侶居此、已數百年矣、因止宿飲饌皆甚精豊、內有騧羊、狀如牛、杜問此可隱逸否、將思家盡

鄭又玄
太清眞人
閭丘子

坳子華笑而與別各遺銀器數事遺人導歸且請無漏於世後往尋其洞不復見李廣常向賓客侈談其事張權輿亦嘗言其表弟鄭又玄本名家子滎陽人來居長安幼與隣閭丘氏子同學人玄性驕率自以門望清貴往往戲罵曰閭丘子非吾類也（原非爾同類孰知吾太清）

兄柳入南溟見玉虛謁夫人而不得留百花橋上回求代水仙索得玉環以還魂膏相報活二生妻寔玉歸求太極以玉壺作合而成道絕妙一本傳奇仙家弟子既廣恒有不相識者道業未高故也若起入上眞自能慧照周揚唐法術相等而周似出一頭地徹遣麵魚純是正氣所謂誠能動物莫認作妄何至於犂合大顛恰在諫佛骨之後因知文公不惡眞儒玉川耶術害人罪不容誅宗仁遇而幸免非白晙難能剔交情不窮其黨猶恐貽害於後

栖止

聽良言閉戶避災　○○○顯小道梯雲取月
我雖不語汝寧不愧於心乎閭丘默然歲餘病死後十年
又玄以明經上第調補叅軍於唐安郡既至官郡守命假
尉唐興有同舍仇生者大賈之子年始冠其貲產萬計又
玄常與讌遊累受其賂遺然以仇非士族不以禮貌接之
鄭子小人大為惡恨
一日鄭置酒高會有友謂曰仇生與子同舍而會讌不及
豈其罪耶鄭慚即召仇至以巵酒飲之辭不能引滿鄭怒
罵汝市井之民徒知錐刀何僭居官秩耶且吾與爾為伍
已辛矣又何敢辭酒振衣起仇生慚甚而退遂棄官閉門
不與人往來經數月病卒明年鄭罷官僑居濮陽郡佛寺

嘗好黃老之道聞吳道士筠有道德廬於蜀門山因就謁筠曰子慕神仙何爲當面不諳吾非仙類也鄭曰先生眞有道者乞隸於左右幸甚吳亦任其留焉凡十五年鄭志稍惰吳曰子不能固其志徒居山林何益鄭即辭去仍遊於滎陽其後東入長安次褒城逆旅遇一童子十餘歲貌甚秀鄭與之語其轉慧千轉萬化自謂不能及童曰與君故人有年省之乎鄭曰忘矣童曰吾嘗生閭丘氏長安與子偕學子以吾寒賤後人爲仇氏子與子同舍受我金錢甚多未嘗遇以禮鄭大驚拜謝曰誠吾罪也然非聖人安知三生事乎童曰我大清眞人上帝以子有道氣故生我

寶曆

陶植

與汝爲友、將受眞仙之訣、而汝以驕傲、終不能得道、吁可悲哉、忽不見、鄭廻思甚懺悔、（已無及、）竟以憂憤卒、衆聞之曰、矜高者固無一而可也。座客錄爲鄭生三遇太清記、呈逢吉覽之、爲奇觀云、乙巳、改元寶曆、僧孺索表求出、以武昌多火災、命立火神廟祀而禳焉、神即秦時宋無忌、（本火精降世、歿爲火神）僧孺遣人至太湖、搆奇石、作名園、常宴客其中、浙西觀察使李德裕、好道、聞浙東有化人陶植（明州鄞縣）、親訪之、首叡以鼎爐黃白、植笑曰、竹斷須竹續、木破用木補、屋漏用瓦蓋、人衰以類、主德裕不解、遂辭歸、是年八月十五日、植於四明山大梅峯梅福仙人臺晝昇、德裕悵怏、爲立碑記於臺

潘修

社令

靈官

下又聞杭州潘尊師之名遣使迎之師名修家本贍足居福業觀修道虛襟大度延賓濟人一日有少年容狀疎俊詣觀曰遠聆德義極人急難欲求師院後竹徑茅齋内避厄兩月可乎或垂見許勿以負累爲憂食饌爲慮只清酒二升可支六十日矣潘欣然許諾亦不究其從來少年匿茅齋期既滿從容問曰尊師曾佩受符籙乎潘曰所受已及洞玄中盟但未敢叅進上法耳少年曰師品位已高然其曾受正一九州社令籙一階冒昧奉傳聊申報也即焚香於天尊前傳社令名字及靈官將吏少年呼召兵士騎乘應時而至令曰傳授後隨逐尊師營衛召命與我無異

胥吏
兵士
騎乘
太清眞

令畢兵騎方隱又謂潘曰可於中堂壘土爲壇設几案焚香恭坐九州吉凶之事靡不知也切勿以葷血爲犯苟或違之冥必有譴若能精潔可致長生而仙矣言訖隱去潘如教牀坐於堂海內事無巨細聞知如是旬日潘爲靈官諠聒勃然曰我閑人也安用知天下事嚴納靈官不得傳報答曰職司不可曠也所報益多潘乃食肉噉蒜以却之則報漸稀靈官不復至既而悔之少年忽至曰我乃上請

眞童爲靈寶大法師守符籙犯失職罪謫於下方限滿纔歸謂吾輕傳眞訣重罹譴責師犯污眞靈罪當冥考念前相容之德不可坐觀淪沒今別授一術廣以行功救世用

術士

廉貞星將軍

道士

贖前過、不爾當墮於幽獄矣、潛憂懼、少年取米屑和為人形長四五寸、置壁竇中、授玉子符兩道、戒曰、民有疾苦求救者、當問粉人知災祟源本、然後以符救之、勿取財利、務積陰功、贖過勤行、不替十年後、我當復來、自是潛以朱篆祛災蠲疾十餘年、少年復至、淹留逾日、所談多諸天方外事、別去、歲餘、德裕使來潛、忽無疾告終、德裕上表稱裴度之賢、不宜棄之藩鎮、丙午春、詔度入為司空同平章事、度少時有術士云、公命屬廉貞星將軍、宜每夜以清泉名果致祭、當得其冥助、度未嘗懈怠、及為相、機務繁迫、乃遺始志、諸子亦不知有道者宿於第中、夜闢曰、相公昔奉天神、何故中道而止能業事不已自有感護度謝之後雖祀而常間及節制河東適家人渉疾召女巫視判有彈胡琴巫顛倒良久蹶然而起曰請見相公廉貞將軍怒盛遣某傳語何太無情都不相知也度大驚巫曰當擇良日齋潔於淨室焚香設酒果將軍亦欲示見別日度沐浴具朝服立階前東南奠酒再拜見神長三丈餘披金甲持朱戈南嚮而立度驚悚流汗俯伏不敢動少頃不見問左右皆曰無之自此感其靈應尊敬有踰厥初故死猶逢吉黨所誣毀之終無所損長安城有七岡橫亙如乾象度宅偶居第五岡張權輿上言度名應圖讖宅占岡原帝察其社稷待叢

三 柳公綽

趙元卿

闕主人

盖厚襄陽節度柳公綽敬事山人盧生、郎二如父師、盧居
荊州、每販燒朴石灰、往來白洑南草市、微露奇、亦莫之能
測、賈人趙元卿、好事者、乃頻市其所貨、設果茗訪息利之
術、盧曰、觀子意似不在所市、趙曰、竊知長者埋形隱德、洞
過蓍龜、願垂一言、盧笑曰、今日且驗君主人有非常之禍、
信吾言、當免、將午當有匠者負囊而至、中有銀二兩餘、必
以非意相干、可閑門、妻奴勿輕應對、須盡家臨水避之、若
爾、徒費鐵三斤四百、時趙居停於張家、遂歸告之、張亦素
神盧生、乃闔戶以伺、近午、果有人狀如盧言、叩門求糴、不
應、怒蹴其門、張重實押之、由後門與妻子迴避、纔午、其人

墜馬去行數百步忽蹶仆而死其妻哭至張家誣其致死
訟之、衆具言張閉戶逃避狀、官謂張曰汝固無罪可為辦
棺木、乃市櫬僦轝、正當所直之數、知者赴盧、如市盧意以
為煩濟迣、至復州界維舟於陸奇秀才莊門、或語山人之
異、陸乃迎入、將詣京投相知、因請決疑、盧曰今年勿動土
憂旦夕禍作、君所居堂後、有錢一甕、覆以板、錢生方三歲、
君其勿用、用必成禍、陸矍然謝之、及盧去、陸謂妻曰盧言
如是、吾更何求、乃命家童掘地未數大果遇板、撤之、有巨
甕滿貯散錢、陸喜甚、妻亦搬運、紉草貫之、將及一萬、兒女
頭暴痛不可忍、陸曰豈吉將驗乎、因奔馬趕及、謝過哉命

盧怒曰自度骨肉與利孰重棹舟不顧陸馳歸醮而瘞之
兒女乃愈時柳公使者至判追蹤邀歸公叩以事皆應如
響樊宗仁寓居武昌僧孺聘爲幕僚因公事至襄陽柳公
設飲盧在座宗仁詢以往事盧曰王升之術耶李師道客
所傳俱郴州侯生徒也白皎之師乃中黃君弟子余素敬
服樊事畢回鎮柳公微服送之郊遇六七人盛服俱酒氣
送鼻盧叱曰汝等所爲不快性命無幾悉羅拜塵中庫曰
不敢盧寬而赦之盧曰此輩劫賊也常言世間刺客
隱形者不少道者得隱形術二十年不試可以化形名曰
脫離更二十年行精於地仙又言刺客之死尸亦不見新

劉克明

文宗涵

太和

至誠

眞寂

石頭禪師

論多奇怪、居年餘辭去、公綽自此不輕出遊、是冬臘月、帝夜獵還宮、宦官劉克明等弒之、壽十八歲、在位二年、王守澄以衛兵迎立江王涵、為文帝、討斬賊黨、丁未春改元太和、己酉秋九月、帝食蛤蜊、一蛤蜊中有二菩薩像、螺髻瓔珞足履菡萏、命置興善寺、戒自今進食勿用蛤蜊、民間翕然奉佛、爭禮僧衍、釋氏自惠能之後、傳派甚多、神秀與能同師行教、北方人俱宗之、世稱南能北秀、至誠禪師吉之太和人、師事神秀於玉泉寺修行勤苦、時稱北七祖、釋眞寂安福人、初事主誠及誠早化、復師曹溪六祖、奉事最勤、既得眞如之法、克紹宗風、稱南七祖、南嶽有石頭禪師南徂宗派為諸山所推、有僧

惟儼　三李翱　一楊嗣復　二盧求

惟儼頌其宗旨後住藥山爲初祖（在澧州）李翱出爲朗州刺史謁之師執經不顧翱怒曰見面不如聞名師呼太守何得貴耳賤目翱拱手謝之作詩呈教師曰欲保任此事直須向高高山頂坐深深海底行閨閣中物捨不得便爲滲漏嘗夜登山忽雲開見月師大笑一聲響聞九十餘里居民驚訝翱復贈以詩（至壬子歲入寂）典合淝郡有道人詣翱言事後任楚州其人復至前歲楊嗣復知舉翱之壻盧求落第嗣復乃翱之妹丈今年恐復任事頗以爲嫌因訪於道人道人曰細事可爲奏章一通几硯紙筆更置醇醪數斗翱悉如命道人以巨杯引滿而飲寢少頃而覺覺而復飲酒

裴求
黃駕

盧攜
鄭亞
鄭畋
杜審權

盡即整衣冠此望焚表俯伏遽起對案手疏二緘遲明授翺曰今秋主司至但開小卷明年見榜開大卷翺如教收緘道人遂去至秋報至嗣復仍前主文翺開視小卷有詞云裴頭黃尾三求六李及放榜翺啟大卷一榜煥然不差一字其年裴求爲狀元黃駕居榜末次則盧求耳翺大奇之至是領襄陽朗州道人又至翺懇問姓氏笑曰我郎買相國耽也翺出諸子求相熟視既久皆曰不繼復遣諸女出拜乃曰尚書他日外孫三人位皆宰輔告去不復再來後盧求子攜鄭亞子畋杜審權子讓能皆爲將相庚戌春翺召復戶部尚書以公綽節度河東奏以沙陀酋長朱邪執宜爲陰山都督使居

一 杜讓能

十 沙陀朱邪執宜

十一 崔元亮

雲朔捍禦北邊、冬十月、詔李德裕爲西川節度、朱提山寺、
報有神僧坐化遍體金光閃爍惟目德裕親爲舉火九日
不鎔仍令建塔營葬初湖州刺史崔元亮遇僧道開善藥（眞金、）
術求其方僧曰此術不難求但利此者必及陰譴可令君
侯一見命市汞一斤入甑鍋納一紫丸蓋以方瓦疊炭埋
鍋鞴而焰起謂崔曰只成銀無以取信公宜虔心想一物
則自成矣食頃僧夾鍋於水中笑問何物崔曰想我之形
揭甑取示若范金焉眉目中筋悉具僧遂告云歸蜀泛湖
往辭周生言崔刺史塵念未除難與言火法聞故土寧哉
且李公有脂心吾將歸化也（挽說、）携手至湖濱而別周生自歸

洞庭數年聞世崇釋氏乃下以顯道遂次廣陵舍於佛寺高僧懷信得禪定之旨不出方丈會有客來隨喜方中秋夕霽月澄瑩且吟且望有說天寶遊月宮事周笑曰某常學於師亦得此法且能挈月置之懷袖或試其妄或喜其奇周曰不爲則妄矣因命虛一室翳四垣纖隙以筯數百呼童引繩架之告客曰我梯是取月去聞呼可來觀閉户久之數客步伺庭中忽天地晦暗俄聞周呼曰至矣開其室仍黑曰在其衣中爾請觀即於襟間出月寸許一室盡明寒逼肌骨周曰子等信乎客再拜謝之願收其光悉令出仰視食頃蟾光復明與蜂擁求學懷信亦遣徒敦請周

四陳季卿 鄭天挺注 呂祖云咸道中及第、兩調縣令、值黃巢亂、移家終南、又呂祖本傳[illegible][illegible]

生明日遂行、至洛陽、遇韓清夫、問將何之、曰、往招墨乎歸、山問何在、曰即余叔退之也、今李八百純陽師遊行於京、洛濟拔世之向道者、又言東園公九華大丹已成、寄語招其裔唐君將得度世矣、周歎曰、向吾修道不若是之易也、韓曰亦道緣之不同耳、遂別去、見呂祖、問所遇何如、祖曰、未也、姑入關一訪湘子、相與同行、時江南秀才陳季卿舉進士無成、羈棲長安、離家十載、常鬻書判以給衣食、偶遊青龍寺、遇僧他出、因休於暖閣、有客自稱終南山翁、方擁爐坐、揖李同坐、謂曰、日已晡矣、得無餒乎、季卿曰實餒、翁於肘後解小囊、出藥方寸七、煎一杯湯、調之曰、粗可療飢、

可憐

如
溶髮滞場
歷二十六
年乃罷縱
遊天下泝
湘望江亭
嘗記云吾
京川人唐
東三舉進
士不第因
遊於江湖
五十道始
成岳陽風
土記及王
舉雅言皆
云舉進士
不第天挺
仕洛之說
何所本耶
抑有何異

季卿噭之、尤然暢適、東壁有寰瀛圖、季卿乃尋江南路、因
長歎曰、得泛於河、遊於渭、泳於淮、濟於江、達於家、亦不悔
無成而歸。翁笑曰、此不難致。命僧童摘堦前一竹葉、作舟
形、置圖中渭水之上、即謂曰、但注目此舟、則如所願耳、
然至家、慎勿久留、季卿如言視之、稍覺水生波浪、一葉漸
大、席帆既張、恍然登舟、始自渭及河、維舟避禍堂、蘭若題
詩南楹曰、
霜鐘鳴時夕風急、亂鴉又望寒林集、此時輟棹悲且吟。
獨向蓮花一峰立。
明日次潼關、登崖題句於關門東普通院門、云

呂祖自敘
叢刻小像、
六本姓李、
名瓊字伯
玉唐宗室
也有四子
為避亂上
攜妻入山
改更姓呂
若是井姓

度關悲來忠。萬緒亂心機。下坡馬無力。掃門[illegible]許
謀多事就心、口自相違。已作蓬歸客。還勝[illegible]不歸[illegible]
自陝而東、凡所經歷、一如前願。旬餘至家、妻子兄弟拜迎
於門、但有江亭晚眺詩、題於書齋云、正是渭北春天樹、江東日暮雲、
又曰生有清氣上清奉帝命來度、乃以驕矜自絕、深為
可惜、然必至再至三、始為剖明、真人度世之心、良苦哉
盧山人一言指點、而張氏遂免破家之禍、故知若非自
作之孽、無妄之災、原屬可逭、
月為太陰之府、何能作懷袖間物、然亦不可執言君主
侍從官殿、必在月中也、周生梯而取之、化形寸許、以顯
道術、亦寓言陰陽在掌握中耳、勿遽信為實、然亦勿議
其怪誕
圖裏返歸丹、眞運坤離於掌握、小可術士竊效不得、蓋
步步俱、行實地、留題作據、非若神遊蹈空之比、
呂祖果生於唐末、則何祖韓祖轉長於師[illegible]內祖肖
宗總不知其從來、蓋係世人[illegible]為與之[illegible]也

○○○寰瀛圖泛舟歸里　○○○藍橋驛擣藥成姻

立向江亭滿目愁、十年前事信悠悠、田園已逐浮雲散○
、鄉里半隨逝水流○川上莫逢諸釣叟、浦邊難得舊沙鷗
、不緣齒髮未遲暮、吟對遠山堪白頭○
其夕謂妻曰、試期已近、不可久留、吟一章而別、將登舟、又
、留一章別諸兄弟、一更後、復發葉舟、泛江而逝、遵舊途至
、渭瀆、憒乘、復遊青龍寺、見山翁擁褐而坐、大驚前謝曰、歸
、則歸矣、得非夢耶、翁笑曰、後六十日方知、將暮各別、後二
、月季卿之妻子、賫金帛自江南來、謂季卿厭世來訪、云萬
、月其日歸、作詩於西齋、幷留別二章、季卿始知非夢、明年

春下第歸至樿窟及開門所題兩篇翰墨尚新後復尋見
仙翁遂拜為弟子辛亥五年同遊於東南施肩吾向樓眞
於西山長慶初為分水有雲瑞復歸嚴陵七里瀨訪道自
謂元和進士長慶隱渝是時呂祖遊睦見其趨尚烟霞授
以內煉金液還丹大道肩吾以大極眞人十六字轉授弟

李文英 字李文英結為同心道友童入西山修鍊後皆道成化去觀西一里許為

楊無為 芭蕉源沿山梯級而上有書堂舊址其手植老栢尚存所
為詩文甚多所傳未仕之四楊無為題其石室云玉京高
謝黃金榜石室歸來白玉東山後暗通天寶洞眼前便是
地仙家時聞清夜雲中犬過視紅塵井裏蛙五百年前猶
未到芭蕉源
上鎖烟霞

盧仝 時韓愈以病斷歸與盧仝談論詩文修叅學

玉川子 翁茶經仝濟源人亦好茶品其高下作茶歌自號玉川子摶

學有志操樂道不仕嘗作月蝕詩譏元和逆黨愈稱其工每生子曰添丁愈寄詩云去歲生兒名添丁意令與國充耘耔仝邀飲語及子厚爲神事愈曰不特柳侯青蓮亦得仙去元和初有人自北海來見太白與一道士在高山上笑語久之道士於碧霧中跨赤虬東去白聳身追之徒步若飛仝曰彼固酒仙也若茶仙繼鴻漸之武者余不敢多遜仝有婢曰赤脚日與之烹茗滌甌愈有客嘗稱華山之勝壁立如削成峰勢崢嶸四面懸絕上冠景雲下通地脈嶷然獨秀有若雲霧嶽東北有雲臺峰其下有穴昔有人入此穴云經義河底上聞流水聲最著者蓮花明星玉女

崔鄠
裴航
裊烟

三峰而仙掌崖日月巖蒼龍嶺皆奇境也愈必慕之往遊其地賈勇而上及下心悸目眩發狂痛哭投書與家人永訣邑令百計取下因以致疾湘見其世限已畢至家謁見云自空峒來洪崖方召公耳愈笑曰有是哉遂沐浴而卧家人視之已無氣息贈謚曰文翰林崔鄠曾師事之作事多方畧時鄂州多盜剽掠行舟帝以鄠為觀察使鄠訓卒治兵作營衡沿計民賴以安秀才裴航字濟如咸陽人長慶中舉進士不第與鄠有舊往鄂渚謁贈錢二十萬裴傭巨舟遊湘漢同載有樊夫人國色也航無由會面因侍婢裊烟達詩一章曰

玄妙

向爲胡越猶懷想況遇天仙隔錦屏儻若玉京朝會去願隨鸞鶴入青冥。數日後、夫人使裊烟答詩一章曰、

一飲瓊漿百感生玄霜擣盡見雲英藍橋便是神仙窟何必崎嶇上玉京

航空愧佩而已、然不能洞達詩意、問其從來、裊烟曰、夫人至汾州、送王卿入山間、反抵襄漢、夫人使裊烟挈粧奩而去、航遍求訪、竟無踪跡、後經藍橋驛、（藍田縣、即尾生期女子抱柱而死處、）渴

四 樊仙嫗

甚、下道求飲、茅屋三四間、老嫗緝麻其下、航揖嫗求漿、嫗咄曰、雲英携一甌漿來、郎君飲、航憶夫人詩有雲英之語、

神漿爲述

訝之、俄葦箔下、雙手如玉、捧出瓷甌、航接飲之、不啻玉液也、因還甌遽揭箔、覩一女子、姿容煦耀、航愛慕不已、白嫗曰、僕馬甚乏、願少憩於此、嫗曰、任自便耳、良久、告嫗曰、向睹小娘子艷麗驚人、所以躊躇不能去、願納厚禮而娶之、(良臉)可乎、嫗曰、老病、只此孫女、昨有神仙與藥一刀圭、但須玉杵臼擣之百日、方可就吞、若欲娶者、須得玉杵臼、其餘金帛吾無用處、航拜謝曰、願以百日為期、必獲奄幸、無更許、

貨玉翁

嫗曰、諾、航至京、遍訪、遇一貨玉翁、曰、近得虢州藥舖卞老書云、有玉杵臼欲貨、吾當為書道達、航愧荷珍重、持書而(心堅)

卞老

往、卞老曰、非二百緡不可得、航乃傾囊兼賣僕馬、方[illegible]

[illegible]傳如消
忽然太作

歎遂步驟獨攜至藍橋嫗曰、世間有如此信士乎○遂許以
爲婚女曰、雖然更爲擣藥百日方議婚好嫗於襟帶間解
藥付航航即擣之○每夜則嫗收藥臼於内航又聞擣藥聲
因窺之見玉兎持杵而搗盈室雪光可鑑航意益堅日既
足嫗持藥吞之曰、吾當入山告姻戚爲郎具幃帳遂挈女
入山謂航曰、但少留此逡巡車馬僕隸迎航而往見一大
第連雲珠扉晃日内有帳幄屏幃珠翠珍玩莫不臻備如
貴戚家侍女引航入帳就禮訖航拜嫗感荷嫗曰、郎是清
冷裴真人子孫業當出世不足深愧老身也乃引見諸姻
戚一女仙鬟髻霓裳云是妻之姊航拜訖女仙曰、裴郎不

憶鄂渚同舟乎航詩問左右曰是雲翹夫人九天飛仙劉
眞君之妻爲玉皇女史航[illegible]爲怛悚謝嫗遂將航夫妻入玉
峰洞瓊樓珠室居之餌以絳雪瓊英之丹體性清虛毛髮
紺綠神化自在超爲上仙其友盧顥入蜀遇航於藍橋驛
西爲說得道之事贈藍田美玉十斤紫府雲丹一粒叙話
永日使達書於親故顥稽顙曰兄既得道乞一言惠教航
曰老子云虛其心實其腹今之人心愈實何由得道盧子
懵然復語之曰心多妄想腹漏精液則虛實可知矣凡人
自有不死之術他家有還丹之法但子未便可教異日言
之顥知不可請揖與辯別見如飛鳥倏去顥[illegible]西川德裕

悉怛謀　于闐國　敬弘

表爲翁耶、是秋、吐蕃悉怛謀請降、顯歡納之、癸丑春、以德
裕同平章事、德宗時、于闐國貢白玉枕、追琢奇巧、帝常寶
之、置寢帳中、甲寅夏六月、忽失去、其他珍玩如故、帝驚駭、
下詔都城索賊、謂樞近及左右廣中尉曰、此非外寇所入、
盜當在禁掖、衆惶慄謝罪、請浹旬求捕、大懸金帛購之、收
繫者漸多、龍武二蕃將王敬弘蓄一小僕、年甫十九、神彩
俊利、使之無往不辦、敬弘與流輩於威遠軍會宴、有侍兒
善鼓胡琴、四座酒酣、請度曲辭、以樂器非妙、須常御者彈
之、時鐘漏已傳、僕曰、若要琵琶、頃刻可致、敬弘曰、軍門已
鎖、何謬也、就飲數巡、僕以繡囊琵琶至、座客歡笑、南軍去

飛飛　田膨郎

左廣、往復三千餘里、倏忽往來、敬弘頗疑之、異記歸弟引問曰、世有俠士、汝莫是否、僕謝曰、某名飛飛、向實無頗幸遇緱仙姑、教誨改行、學道、因舊日同伴數人、散於四方多爲不良、思欲擒之、故住此耳、今知偷枕者田膨郎也、市壓軍伍、行止不恒、且善超越、飛飛之技不能過也、若非傷折其足、雖千軍萬騎、亦將奔脫、自舊再宿於望仙門、伺便擒之、將軍可隨觀、仍須秘密、是時久旱、向曉塵埃頗多、車馬騰踐、咫步都不分明、膨郎與少年數輩、連臂將入軍門、飛飛執毬杖、躍擊之、欻然已折左足、仰瞻曰、我偷枕來、不愉他人、惟懼於爾、既此相值、豈復多言、舁在右軍、一一款而

李訓
韋卿材
盧元公

伏悉令釋囚縶飛飛遂告歸蜀敬弘留之不得帝命賞玉而戮田乙外夏鄭注李訓同平章事訓有妹丈韋卿材爲盧元公表弟盧素奉道卿材以爲虛無爲有至是選受江淮縣宰親朋相送離灞滻曛暮行二十里外覺道路漸異非昔經過之處林木葱蒨中燈燭熒煌儀有揖於馬前者如州縣候吏問韋曰自何至此此非俗世復有一人至謂前謁者曰既至矣則須報上公屈韋下馬趨而入門則峻宇雕墻重廊複閣侍衛嚴肅擬於王侯見一人年可四十餘平上幘衣素服逕令上堦韋拜而上命坐慰勞徐曰某因世亂百家相糺黨避於此衆推爲長强謂之上公爾來

仇士良
鄭覃
李石
開成

數百年無號令約束但任之自然而已公得至此處俗之
欲放之信道
幸也不可久留宜速去命取絹十匹贈之章謝出回望即
無所見乘月信馬循舊路行至明已在官路逆旅皆歇詢
於人亦無知者取絹視之光白可鑑章後詣親友具述分
絹遺親厚元公問其遇地言約在驪山藍田之間李訓聞
而歎曰石樓山爲老子煉處商山乃四皓所居固神仙之
窟惜鄉材無仙緣耳元公遂結廬於驪山是冬訓注等謀
誅宦官皆被仇士良殺之鄉材歎曰宦者可畏避入商山
後得吉祥而逝元帝以鄭覃李石同平章事行少遇病鶴
公年百外而卒憐救鶴仙許
以爲相事與裴忱
訪胡蘆生問丙辰春改元開成帝取李孝本二女入

宮拾遺魏謩徵五世孫上疏諫帝即出之遂以謩為補闕有同
年進士許渾丹陽人置別業丁卯橋側能詩性逸有楊居士來語相投
遨遊河中忽得大病不知人事親友數人環守之至三更
瞑然而起取筆大書於壁曰
曉入瑤臺露氣清座中惟有許飛瓊塵心未盡俗緣在
十里下山空月明
復寐明日又驚起改其第二句云天風吹下步虛聲
書畢兀然如醉不復寐矣良久謂曰昨夢到一處云是
瑤臺有仙女三百餘皆處大屋內一云許飛瓊遣賦詩及
成令改曰不欲世間人知有我也既改甚嘉賞令諸仙

曾耕曰、吾然至此、今日幸遇引而回、毋乃稱意、居士曰、此王母侍女名也、吾父嘗言之、楊即隱之、問居士爲東國公名去、亦自稱居士、遊行至濟南郡、會太守好奇者、聞楊有道、每宴遊、必首召、一日、楊使人請太守、從會宴於郡堂、閣妓樂、而楊不得與、時有數客、亦不在召中、因謂楊曰、先生自負有術、能設一奇以動之乎、楊曰、試觀我、乃其妓、因命具酒、使請客、釋坐、命小童開西堂室、久之乃啟、見十二四、其人自廡下來、[illegible]而來、命列坐奏樂且歌、夜半、楊謂妓曰、可[illegible]皆起入廡、寂寞相顧、歎然而疑、此亦鬼物、明日、有郡吏曰、太守昨夕宴、妓樂列坐、無何

李汝

李元允

韋氏

皆小地暴風捲颺其樂器去迨夜分妓方寤樂器亦歸諸
妓皆云畧無所見或告以居士所為太守歎異謝遣之楊
云將往都下時李少君中丞李汝好術術之士有李山人
寓其家甚敬之汝有子數人長元允與襄陽韋氏結婚乃
自京遠就嘉會婚後山人曰賢郎有厄甚能相救只要少
時不交人事以團節制居一室良久出曰厄已過然猶乘
馬死從者驚其一身少見血餘無大損汝疑信半之使人
路將偵候使得信回云郎君於中道過大橋橋壞馬死奴
驚身墮橋木映破額間出血少許尋平復山人忽辭云
吾此為客將有陂化之期但無憾然再致曰何忽當此曰

遲數若是亦當發願汝問可少留乎曰可月餘今欲遂前
搠汝又留半月有一人手執楊枝來訪與之攜手晌曰（以此爲證）
此須去矣乃晨起與汝訣別曰十五年後[illegible]三郎君再

李生子

晤於昆明池上彼時然不識耳汝命三子識之以俟其驗
其請相識家皆云同日見山人來告別其時與汝爲諫議

柳公權

大夫汝辭職還鄉今然於河南家中丁巳夏以柳公權代之去冬

盧鈞

盧鈞節度嶺南垂鎮以清惠著名朝則更錫州有稍加
羸瘠不耐見人常於郡後山齋靜養左右祇侍非呼召莫
敢前忽一人衣飾弊故踰垣而入云姓王問其所自曰山

王山人

中來鈞笑曰是即王山人也來何以教王曰公貴極人臣

而壽不永災方深有沉綿之疾故相救耳山齋無水鈞欲
召人取茶湯之屬王止之以腰巾蘸於井中解丹一粒痰
巾水使咽丹與約曰此後五日當愈後二年有大厄勤立
陰功救人憫物爲意此時當再晤於夏初倏去自是疾果
愈後年還京署塩鐵判官夏四月於務本東門道左忽見
山人同至家喜曰君今年第二限終爲災極重以去年爲
作善○降祥
郡雪冤獄活三人之命災已息矣今此月內三五日小不
康而已固無憂翼日命取錢十千於狗脊坡分施貧病遂
去云後二十三年正端陽時可令一道士於萬山頂相候
時君節制漢土當有丹華相授勿愆期也自是出鎮嶺南

已及其期命道士牛知微五日午時登嵩山之頂山人在焉以金丹二粒使吞之曰子有神氣而寡陰功未升道品更宜勤修以丹十粒令授於鈞曰當躋上昇植本孝忠世限既畢佇還蓬宮余名王十八是公故人也忽不見後知微年八十餘常如三十許鈞年九十耳目聰明氣力不衰終時香氣盈室藥非金石壽遐期頤

裴航夙有仙緣故雲翹先期附載寓意詩中至藍橋驛之境界特設以待航耳不然玉杵臼豈塵凡物乃一訪而遽得乎然欲離人間而求之則不可得矣

按飛飛別傳為大盜之子年十餘即能飛身騰躍群盜畏服茲得歸正為仙姑弟子且轉除強暴救援無辜殆知凶頑之輩得人制之俱是有用之材

王十八於劉晏終不能救度於盧鈞則極意扶植蓋刻於言利神人所忌劉誠不能自振耳豈若鈞之耕處積德自求多福哉

劉縱
○劉無名

○○守三尸大限難免　○呂辨二李相公實非

劉呂喬子縱爲陵州刺史、來棧道忽遇聶隱娘、貌若當時相見甚歡、依前跨白衛云向在中條、今來唔劉無名郎君有大災不合適此、小藥一粒、令呑謂曰來年火急拋官歸洛方脫此禍、藥力只保一歲、縱不信、遺其繒彩不受、但醉飲逆旅而去後。○一年縱以瘴毒卒於官、成都劉無名蜀先主次子劉王永之後、生而聰慧、八九歲有道士過而歎曰、此兒若學道當長生、弱冠閱道經、學咽氣、朝拜存眞、内修常以庚申日守三尸、服黃精白朮、志希延生、見古方言草木但愈疾、纖効、見火輒爲灰燼、自不能固、豈有延年之力、乃涉歷山川、

泰山值符

二人非真來追攝是來點化使遇真師耳

訪師探玄數年入霧中山遇一人教以服餌雄黃二十餘年一旦忽有二人赤巾朱服徑詣其室曰吾泰山值符追攝子耳不知以何術頂有黃光無計近子至三日矣冥期促迫恐譴責稽延故見形相問劉曰余無他術但冥心至道不涉聲利二使曰黃光照灼於頂高逾數丈得非雄黃之功乎然吾聞一陰一陽之謂道一金一石之謂丹了但服其石木餌其金但得其陰未得其陽將何以超生死之難期升騰之道乎其次廣施陰功柔和雌靜無欲無為至孝至忠內修密行功滿二千然後墨籍落名青華定籙制御神鬼驅駕雲龍而上補仙官九祖超鍊七玄生天則不

勤勉之至

為冥官所追捕今雖三尸已去積功未至大限不能免也
劉憂懼二使徐謂曰岷峨青城訪尋道要嘗聞鉛汞朱髓
可致沖天非髙真上仙莫之知吾為子求姓名同年壽盡（此亦）
者代之（託辭）勉而勤修無怠也劉致謝二使乃隱劉如言
入峨嵋岷山登陟峭險探求洞穴歷年不遇復入青城山
北崖之下得一洞行數里忽覺平博遇神仙居其中云青
城真人劉祈叩具述追捕之由願示道要拯拔沉淪真人
指一巖室使棲其中令齋心七日乃示以陽鼎陰爐汞金
鍊化水玉之方伏汞鍊鉛朱髓之訣謂曰胡剛子陰長生（此真訣）
皆得此道亦名金液九還經丹分三品以鉛為君以汞為

第四節　二

臣八石為使黃芽為苗君臣相得運火功全七日為輕汞二七變紫峰三七五彩具內赤外黃狀如窓塵復運火二年日周六百再經四時重嚴長至初則十月離其胞胎已成初品即能乾汞成銀九服可袪疾三年服者延年益算髮白返黑三年後服之刀圭周遊四海初品地仙服半劑變化萬端坐在立亡駕馭飛龍此藥經十六節已為中品便能長生藥成日金石黃芽與君臣諸藥不相離亂千日功畢名上品還丹非人勿授若有其人功行合道依法傳之劉受訣還霧中山修鍊三年乃成自述無名傳以示學者隱娘訪之既見互以道術相易各盡其妙時宜官益橫

李石忘身殉國無名往謁教以愼言不聽仇士良等譖之戊午春罷爲荊南節度使以楊嗣復李珏同平章事是冬太子暴薨己未春裴度卒（諡文忠）帝立成美爲太子（敬宗少子）李珏非之罷爲淮南節度使至鎮數月修道齋次夜夢入一洞見烟花爛熳樓閣連延石壁光瑩塡金書字列人姓名有李珏字長二尺餘珏謂生於明代歷職宰輔今洞府有名我必仙人方喜際有二童自石壁左右出珏問何所曰華陽洞天此姓名非相公乃相公江陽部民也珏寤問道士無有知者試召江陽官屬詰之亦莫知之乃令府城內訪同姓名者數日得一老曰李寬舊名珏世賣糶自業性

端謹年十五父適他出以珏專貨事有糶者珏即授以升斗令自量不計時之貴賤每斗只求兩文利以資父母歲月既久家道寬裕父將問之具以實對父曰同流中無不出輕入重以規厚利吾但出入皆同自謂無偏久矣汝更任之自量吾不及也然衣食豐給豈非神助耶親沒珏年八十餘不改其業適李相出鎮珏以新節度同姓名乃改名寬珏迎置靜室齋沐拜謁謂爲道凡一家朝夕恭禮李情景怡澹鬚長尺餘皓然可愛年六十時曾有道士教其怡息久不火食珏愈敬之月餘乃問平日得修何術服鍊何藥珏曾夢入洞府見石壁姓名仙童所指是以迎請師

仙姿

事頗析相授寬辭以愚民不知復虔拜問寬見敬耀以對珽歎曰此常人所難陰功莫及乃知世之動靜食息莫不有報苟積德雖在微賤神明護祐名書仙籍以警塵俗又問絕穀之故以胎息對珽即師其法後寬白餘歲猶輕健及卒棺裂有聲子孫視衣帶不解如蟬脫珽初舉明崇儼敢言召為諫議崇儼太宗時人父為縣令縣之門卒有道師之得其教以厭勝之術為武后所信官至正諫大夫太子賢與戶奴狎昵崇儼密稱太子不堪承繼既而自悔失言遂偽為人殺死之狀而去嘗行於市見名流家將合祔二親輛車出郊儼隨召其家人謂曰汝主君取璽柩得無誤發他人冢乎曰無儼曰前紫

緱氏老人

武宗炎

棗、彼有夫人年五十餘、長大、名家婦也、八鬼年甚壯、寡髮敝衣、距躍大喜、隨之、夫人泣而怒、家人同白、祔親者大驚泣拜、見儼曰、僕幼失父母、昨遷葬、使老豎指之、乃悞如此、崇儼遂與至、發墓所、命開近西境、按銘記、果得之、而合葬、令別葬他人之骨、帝每召試其術、嘗盛夏須氷及枇杷龍眼、儼於坐頃間往山陰取雪、嶺南取果子、並到、果甚鮮新、時瓜未熟、帝偶思食、儼索錢百文去、須臾進一大瓜、云得於緱氏老人園內、帝追老人至、問之、云止埋一瓜擬進、適掘視已變百錢、庚申春、士良因帝疾、矯詔立潁王瀍為太弟、是月、帝崩、在位十四年、壽三十三、太弟即位、為武宗、更名炎、召德裕同平章事德裕、初與杜多遺閑遊燕、自落魄、問其終身、閑曰、君發跡、一如令翁。（吉甫年五十一出鎮廣陵、五十四自郡入相、及德裕帥揚州、至大拜、與父年相同時、）請興德裕高致。嘗稱張志和曰、隱而有名、顯而無事、不窮數。不達。嚴光抑李素厚盧仝善品水泉、深得茶趣、在范陽時、謂道閑曰、安得慧山之水煎茶、閑指庭前一井曰、此味切是、汲飲果然、後名慧（過泉、）德裕作梢、有壽使金陵者、命置中泠泉一壺、在金山寺、天（下第一泉）其人忘却、至石頭城、乃汲歸以獻德裕、飲之曰、此頗似建業城下水、其人謝罪、德裕爲政明察。然宦官有過、每姑容之。時含光殿欲換一柱、勑士良黃其事、率右軍采造軍司下盩厔山場、彌年未獲懸重賞購之

有工人貪賞窮幽捫險遇一巨材徑將丈長百餘尺其
尺度中選伐之俟三伏潤漲流出谷口千百夫運積始及
硃平兩軍相賀奏聞有司選日換之歟有狂士狀若術人
遶材太息守衛者叱責欲縻之畧無所懼主者執之聞於
上中外疑異其人曰須當中鋸解至二尺見驗矣遂令鋸
之解一丈八寸但謂硃色殷紅若三寸流血急命推落渭
流其人曰渭山大澤實生龍蛇此材中是巨蟒更千年當
透出樹杪若為殿柱數年後當戴此殿上升吁可畏哉徐
徧而去有識者曰此曾說李石相公之劉姓者士良別以
會昌中材斷而成之年再改元會昌帝好黃老聞江西張氏煉

十九代 張修 劉遷 二十代 張諶 鄭全福

巽徵之時仙良化去已久年九十二其子修字德眞為嗣師性淳
朴躬耕於野民有以疾告者師即篆木葉治之輒愈每以
符籙施人大賈劉遷者客死於金陵越二日復甦言為冥
司所攝道遇吏曰汝曾膺籙死期雖至可復延二紀遂歸
山為侍人師集諸弟子曰吾某日當逝至日沐浴更衣端
坐而化年八十五長子諶字子堅嗣教應召赴京賜傳籙壇額曰
眞仙觀見帝言及鍊之鄭全福浮梁人文宗時入靈巖洞修
鍊徙薄華洞遊桃花溪有老人乘鐵舡而渡鄭曰願借船
還老曰後三年授子以籙始可載也老去果復來自言所
以乃臣父也鄭年二百歲語門人曰死必葬我以白水鄉

二白敏中　二何果　二吉皎　二劉眞台　二鄭據　二盧愼　二張渾　二李元爽　僧如滿　二李軌　二商者

及七、殯殮舉棺甚輕、疑之、惟存杖屨、帝聞而歎羨、留居京
師百官請見不得、唯與明正諫交密、是夏辭歸崇儼上言
○李珽忠正詔還、珽告老歸、壽踰九十而終、壬戌秋帝問白居易何
在、德裕言其衰病、薦其弟敏中爲學士、居易致仕居洛與
何果、吉皎、劉眞台、鄭據、盧愼、張渾、李元爽、僧如滿結社香
山、作九老堂賦詩飲酒、講論白蓮法、時中丞李軌字師稷爲
浙東觀察使、有商者遭風飄蕩月餘、至一大山瑞雲白鶴
翠樹、玉臺山側、有人問曰安得至此、具言之、令維舟上謁
天師、引至一處、若寺觀、侍衞百數、大殿坐一白鬚眉道士、
曰此方丈山也、有緣得來、可令一遊、左右引於宮內遊行

朱母　韜光法師　鳥窠禪師

院常數十皆有名號一院扃鎖甚嚴窺之異卉滿庭堂有
裀褥焚香堦下謂曰此是白樂天院爲在中國未來耳既
而送還舟中指其所向得順風颺帆旬日至越具白廉使
軌盡錄以報樂天初有僧俗姓潘其母朱氏夢日光入口
而娠及誕異香滿室遂名香光九歲出家二十受戒於荊
州果願寺遂孤山永福寺有辟支佛塔道俗時爲法會
潘振錫而入有韜光法師問曰此爲法會何以作聲音
無聲誰知是會後見秦望山松樹繁茂盤屈如蓋遂棲止
其上人稱鳥窠禪師元和中白樂天出守杭郡入山禮謁曰
師住處險崖太守所居尤險白因舉及[illegible]曰

道欽劉禹問答同

(出)柏葉仙祿吏終歸此處

劉靖

劉妻

靳大相歡識性不得非除乎白請問佛法大意曰諸惡
莫作衆善奉行白曰三歲孩子也解恁麼道師曰三歲
孩子道得八十老翁行不得白遂作禮師於長慶四年忽告侍者曰吾今報盡
言訖坐亡壽八十有四時松方學禪力為詩以答執云
吾學空門不學仙恐君此語是虛傳海山不是吾歸處
歸即應歸兜率天後數年有小黃門[illegible]卒曰吾將死括蒼山主[illegible]大夫吏太[illegible]卽將死也
希觀奇道法知明崇儼有術欲試之為地窖遣妓奏樂於
中常引崇儼至謂曰此地常聞絃歌是何祥也卿能止之
否儼曰諾遂書二桃符釘於其上聲寂然帝笑喚使人問
之云見二龍頭張口向下大怖不敢奏樂蜀縣令劉靖妻

許元長

萬里旬日、千里一日、無相下也

患症求儼槐之曰此非鬼病須食生龍肝即愈靖以為戲言儼乃書符兼風放去須臾有龍下甕中剔取肝與食遂差龍仍飛去後儼獨坐堂中夜被刺死及在心上帝勑求賊竟無蹤跡或謂被鬼勞苦被鬼所殺（實為兵解）帝聞金陵許元長善書符變幻召鬼得出入宮闈帝曰崇儼於先帝時嘗奏羅浮柑子萬里徃來止於旬日我師不能比美乎元長奏謝臣法未臻玄妙但千里之間可不日而至帝曰秦都安石榴正熟卿今夕當致十顆元長出泰阜寢殿始閒以金盤進石榴盈於御欄帝曰卿術固不下崇儼但閒所物符人元長曰晉時許長史東華以其功得仙今當五百年

之朔是其小枷謫於人世為隸卒臣與崇儀若是得其儀
帝問長史名字曰名秘文名謐字思玄明年元長逝有
人見其偕正郎從燕子嗾帝歎息曰何朔有道者終在蓋
儀以自逸耳益重仙道築望仙觀於禁中遣中使內訪石
曼不見曼蘊星術實姓陳隱甯氏亭甯之家備網一巨
魚以饗曼客醉閑來及啟傳天藏暑其魚已敗將棄去果
曰吾有藥可令活以藥一粒納魚口俄而鱗鬣皆動鮮潤
如故帝大奇拜請延年之餌曼曰吾藥輩清虛淡泊嗜
欲無節臟腑諸穢悉集若遽食之如水火相攻寧有全人
乎神仙可學但人自多累如籠禽檻猿徙有騫翔騰躍之

寺毀招提蘭若四十萬區

◎劉隱之

◎杜悰

志安可致耶謂人曰有好戲術者將來擾我遂徙浙西深隱甲子春以趙歸眞爲道門教授先生從裕諫曰歸眞敬宗朝罪人不宜親近帝曰宮中無事時與之談道滌凡至於政事必問卿等雖百歸眞不能惑也帝惡僧尼耗蠹海內歸眞等勸去之乙丑秋七月詔毀天下佛寺僧尼並勒歸俗揚州西靈塔中國之尤峻特者惟詞客劉隱之遊於明州夢泛海門僧懷信居塔上三層凭欄送曰暫送塔過東海旬日即還隱之歸揚訪信信曰記海上相遇時否未幾天火焚塔懷信端然坐化於中至此果有浙寺之旨帝聞揚州倡女善酒勅監軍選獻節度使杜悰不從帝遂

岐陽公主

勿勿還召悰入指悰敎孝弟於顯宗朝尚岐陽公主爲兒
時與羣兒戲於野有一老顛黑紫道士獨呼悰摩其頂曰
郎君勤讀書勿與諸兒戲向昭應觀宇荒涼唯一殿獨存
内有老君像諦視之與道者無異爲淋雨漏破半面始悟
老君顯跡及貴捐貲葺其觀像備有疾禱向曲道士宋玄

宋玄白

白得内養術遺使召之行沐班衞仙施功具彰術
劉無名但服椎黄不識還丹大道又不解尋師講究然
雜燈果故泰山使者徑來指點託言追攝耳
李珏胸無人已私欲浄盡不必修爲而道體已具仙籍
金書宜其顯列若李相公能虛心敬慕亦將與之並外
矣求然蓼遊洞府豈無故哉
崇儼絶似長房一派乃傳自許穆或曾長房修眞淮上
穆曾從之受法乎至於石旻之道又與葛仙相近

○○○彩鸞女降配文簫　○○○麒麟客謫傭茂實

玄白長七尺餘眉目如畫端美肥白以手指人颼颼風起庭間花草颭颭而動欲煉金丹大道惟恐暮景箭催費盡苦辛同輩煉俗多遊名山恒以茅山為歸常至潤州希玄觀復遊括蒼仙都辟穀伏炁而嗜酒到處則以金帛求置二三美妾行則棄之皆以其有老彭補腦還元之術奇怪百端空世莫能測遊於越州適大旱方暴尪禜龍以祈雨淡旬亢陽愈甚玄白曰須俟天命非上奏無以致之遂於玄真觀焚香上祝經夕大雨如澍越人皆拜敬之至撫州亦逢旱有道士言玄白能致雨州人請之玄白遽作飛符

韋德隣

鈦城隍神與同刺史韋德隣怪其吁汝釘神將加責辱建
步輦欲仰之愁自仆枷杖等具摧折去白笑曰使君干忤
劉根欲見誅罰祖禰耶德隣懼謝須更致雨德隣禮遣之

宣帝忱

大中

帝使至句曲已於撫之南城縣句曰上昇丙寅春諸宦官
因帝疾久立光王怡爲太叔、忱更名帝崩在位六年壽三十三太叔即
位爲宣宗、德裕罷爲荊南節度趙歸眞伏誅赤虎兵以白敏
中同平章事丁卯建元大中以馬植爲刑部侍郎植於太

二馬植

文簫

和末爲進賢令有書生文簫字洞潚寓鍾陵紫極宮於西山
遊觀踏歌遇一美姝行吟曰
若能相伴陟仙壇應得文簫駕彩鸞自有繡襦并甲帳

孫愐

瑶臺不怕雪霜寒。

蕭聆之、意其神仙、植足不去、姝亦顧盼、遂穿大松徑將盡、登山捫石冒險而升、蕭躡其踪、姝引至絕頂、極平坦、有帷帳幄亭、共坐叙話、曰余豫章彩鸞、隸職蓬萊、有事過此、乃與君遇、此天意也。忽風雨裂帷、摧幔、仙童持天判下、曰吳彩鸞以私欲洩天機、謫爲民妻一紀、姝乃與蕭歸鍾陵、貧不能自給、彩鸞寫孫愐唐韻、運筆如飛、日得一部、鬻之獲金五緡、盡則復寫、如是十餘載、一旦曰塵限已滿、可回蓬萊、遂與文簫往新興越王山、控二虎各跨其一、陟峰巒而去、進賢縣宿吏報知馬侍郎植、與德裕善、作書言其事、就

穆釗

和君賢

王旭

其地建惟仙觀是夏德裕復貶潮州司馬初青州太守穆釗貪酷德裕奏貶不果於是民不聊生多聚海島爲寇剽刼青齊州縣守令甚多殺傷者臨淄小吏和君賢爲賊所傷卧道側殆死太眞王夫人初事玄都太眞王有子名旭爲三天太府司眞主總糺天曹之違錯比地上之卿佐年少好逸遊委官貴事有司奏劾以不覲局察降主事東嶽退眞王之編司鬼神之事五百年一代其職夫人因來祖餞勵其修政補過道經臨淄見君賢憫而問焉君賢閉目俯首以實對夫人曰以俗人而不淫不慢恭仰靈氣爾未之覺雖欲求死不可得也以藥一丸令服卽血止創愈

再拜謝曰願展駑力以報夫人曰汝必欲謝我可隨我去
否君賢曰能夫人乃諭以前因曰汝是藂叢馬鳴生白教
險長生後復有求求道者必百般苦試悉屏絕不傳致有
稱天遣所罪怨恣而死太上謂汝吝教傷生是業故令汝墮世諸愁家得以
馬明生報泄也君賢大悔遂易號曰明生隨入玄都執役旦夕灑
掃不懈五年愈加勤肅夫人歎曰真有本者也因以巳之
本末告之曰我為王母少女名婉羅字勃遂久在人間今
奉天皇命又接太上詔不得復停念汝專謹故以相語欲
教汝返還之方但我所授須服太和自然龍胎之醴適可
援三天眞人之教汝縱或聞吾道亦不能用以持身也有

至是始敢
一視的是
眞誠
司陰君
西漢夫人侠
安期乘駁
騄驂朱衣
遠遊冠帶
玉佩乃虎
頭鞶囊年
廿十許潔

安期先生者受金液丹法共方秘要立可得用是元君太
乙之道白晝飛昇者也明日當來吾將以汝付囑明生始
仰視夫人年可十六七美麗異常詰旦安期至言與夫人
遊安息國西海際食棗殊美憶此未久已逾千年夫人曰
昔與君共食一棗乃不盡此間小棗那可比耶安期曰先
月往九河見司陰君與西漢夫人遊問以陽九百六之期
聖主受命之劫未詳其說今願請焉夫人曰夫天地有大
陽九小陽九大百六小百六天厄謂之陽九地陷謂之百
六此二災是天地之否泰陰陽之勃蝕也大期九千九百
年小期三千三百年此運所鍾聖人所不能禦然唐世是

口叢談從若入人皆內節奉御見夫人拜揖甚謹自稱下官設酒果厨膳歡宴半日

漢成丈人

小陽九之始計迄來申申歲百六將會矣聖君受命乃在壬辰亦尋至也因指明生曰此子有心向慕殆可教訓就君受金液方宜慰撫以成其志不可施以仙變八威也安期曰諾但恐道術淺薄不足以受訓耳下官昔受是方於漢成丈人此先師之成法實不敢倉卒而傳要當令在二千年之內方使其窺天路夫人曰君未知乎此子已登靈仙之級爲有愆尤暫相謫也安期慚謝曰實所不知若靈仙乃九品中第五等也習學懸易敢不盡傳夫人語明生曰吾不復停汝隨此君去勿憂念也我亦常來視汝因咏五言詩二篇贈以相勗世人事物外累爲形蹟拘脫焉能

周方
丁柔立
陶太白
尹子虛
秦役夫
古丈夫
秦宮人毛
女玉姜

貞白曷不自知如翊君靈根明嘉禾勿力耕當知莫稗種亦可熟而成明生流涕拜辭夫人乘龍而去明生隨師周遊青城廬潛凡二十年始受丹方還眞遂佐求處蜀中皆以濟度世人不少悔吝帝命侍郎周方宣慰青齊悉平古補闕丁柔立上詭頌德裕寃坐阿附貶南陽尉

陶太白丁柔立暇日遊雲臺觀道士有言陶尹二君之事陶號太白尹字子虛相契有年多遊嵩華間採松脂茯苓為餌嘗攜釀醞陟芙蓉峯憩大松林下因傾壺飲聞松梢有二人撫掌笑聲二君起問曰非神仙乎不能下降而飲斯一爵笑者曰吾非山精木魅一為秦役夫一為秦宮女聞君酒香頗思一醉但形體改異恐子悸慄當返洞易衣而至幸無

一說坑儒矣始皇密使人種瓜于驪山硎谷中瓜寔成熟令博士諸生往視方相問難不決因發伏機從上填之以土皆壓死

邀拾我去二君曰諾遂久伺之忽松下見一丈夫古服儼雅一女子鬟髻彩衣二君拜謁欣然就坐陶叔得道之由古丈夫曰余稍成童值始皇求不死藥為徐福所戲搜童男女千人將之海島余在其選恐葬魚腹猶貪雀生於難厄中出奇計以脫其險歸而易姓業儒不數年遭煨燼典墳坑殺儒士余復在其數危懼中復出奇計乃免斯患改為版築夫恰築長城余首被錄於辛苦時又出奇策得離此難歸而業工匠始皇崩穿鑿塋域工人匠石盡閉幽隧余復已在數更出千慮謀脫斯苦凡四設權奇之謀脫免大禍知不遇世逃入此山食粉脂木實得延生耳此毛女

指曰玉姜宮人之爲殉者余與逃驪山之死共匿於此不知今經幾甲子矣二君曰秦於今世繼正統者九代千餘年興亡不可歷數遂稽顙求道古丈夫曰余本凡人但能絕慮因食諸果故得不死實不知金丹大藥爲何物乃叩其食果實之法曰余初餌栢子後食松脂遍體瘡瘍腸中痛楚不及旬朔肌膚瑩滑毛髮潤滋未經數年凌虛若有梯步險如履地飄飄然順風而翔隨雲而踏混合虛無潛乎造化凝神而神爽養氣而氣清保守胎根含藏命蔕天地尚能傾覆雲氣尚能鬱蒸日月尚能晦明川岳尚能融結即余之體莫能敗壞矣二人拜曰敬聞命矣飲將盡丈

天折松枝叩玉壺而歌毛女繼和履危坎兮血穴涸畏降死兮逃塵薄逃塵薄兮煮真陽凝陰固兮長生樂歌罷大夫曰邂逅相遇那無戀戀有萬歲松脂千秋栢子少許可分餌之亦應出世即令以酒吞下曰吾當去矣善自道養無令漏泄伐性使神氣暴露於廬舍忽超然去莫知其蹤所衣之衣隨風化為花片如蝶翅揚於空中陶尹巢居蓮花峰上顏臉微紅髮毛盡綠步履輕颺體氣芬馥曾來觀中細述所遇柔立欲晤之累伺杳不復至已已三年帝與宰相論元和循吏孰最周墀曰臣嘗奉職江西聞觀察使韋丹功德被於八州沒四十年老稚歌思詔史館修撰

一杜牧
二李宙
四白蟆
三令狐綯

杜牧撰丹遐愛碑、擢其子宙爲御史閏月、衛公李德裕卒於南越貶所去秋、白敏中復奏貶爲崖州司户、德裕至瓊山建望闕亭於州東益情思慘淡、抑鬱成疾、惟日飲清茶肉削骨立、醫謂其有茶癖、初爲新繁令、䟽鑿東湖夢一皤髯叟曰、潛形其下、幸庇吾明府七九之年、當相見萬里外時於土中掘一大蝦蟇、白於玉徑數尺、命投於水、而德裕以六十三歲卒海外、託夢於知制誥令狐綯曰、吾已歸元但骸埋南瘴、願公使我歸葬、綯即表其功績、且言其異、詔迎歸禮葬、辛未冬、魏謩同平章事、首言德裕遠貶、何辜帝悔之、於是疏遠敏中、召柔立、復爲補闕、其在南陽、尋奥不

王夔

張茂實

遇一日見峰上彩雲如蓋冉冉東望而沒悵然自歎豈知陶尹已酉入蜀時華山下有張茂實者於大中初遊洛假僕於南市得一人曰王夔年三十許勤幹無私出於深誠苟有可為不待指使茂實器之將倍其值夔固辭其家益憐之居五年計酬值盡一旦辭曰夔本小有分居此山家業不薄適與厄會須傭作以禳之固非無資而賣力者今厄盡矣請從此辭茂實異其言夔復啟曰感君恩眷深欲奉報夔家去此甚近其中景趣亦可觀能相逐一遊乎茂實喜曰何幸然不欲令家人知潛往可乎夔曰甚易截竹杖長數尺書符授曰君杖此入室稱腹痛左右悉令取藥

去、置竹篋中、可抽身而出、茂實從其教、曼曰、眞可遊
吾居者也、相與南行里餘、有黃頭執青麒麟一、赤文虎二
候於道左、茂實驚欲迴避、曼曰、無妨、自乘麒麟、令茂實乘
虎、懼不敢近、曼曰、物之極俊者、請試之、茂實遂憑而上、穩
不可言、黃頭亦跨一虎、隊之上仙掌峰、越壑淩山、舉意而
過、殊不覺險、約近三更、已數百里、下一山、衆物鮮媚、松石
可愛、樓臺宮室、非世所有、將及門、俱下、所乘數十、紫衣吏
羅拜、既入、青衣數百人、容色皆姝、衣服鮮麗、各執樂器、引
拜命、茂實坐於中堂、設宴、曼入更衣、返坐、冕裳儀貌、實眞
仙之風度、其窗户階闥、屏幃茵褥、歌、鸞舞鳳、及諸聲樂、耳

目所未睹聞、饌食精美、都所不識、曼曰、此乃仙居、以君夙緣合一到此、故有兆厄之遇、仙俗路殊、塵静難雜、君宜歸修其心、三五刧後當復相見、曼向者塵緣將盡、得遇太清眞人曰、樂非難求、昔亦易遣、如為山者、掬土增高、形骸雖故此心不亡、予遂心達氣清、一言而悟、乃蒙召入小有洞中、示以九天之樂、位證仙班、君當勉之、遺金百鎰、為營身之助、復命乘麒麟、令黄頭執之、曼步送回家、方環泣茂實投金井中、曼抽去竹杖、令潛卧衾中、曰我當至蓬萊謁大仙伯、望蓮花峰有緣雲車、起我之乘也、遂揖去、茂實忽作呻吟、衆驚問、紿之曰、初腹痛時、着有人見召、遂奄然逝、家

鄧太玄　周悟仙　侯道華

又曰七日惟心頭尚暖故未斂耳明旦報峰頂有五色雲即柔立所見者茂實遂出井中金輿眷屬曰吾將往遊名山也北至河中永樂縣之道淨院乃蒲中勝境文宗時道士鄧太玄煉丹於東院藥成疑功未究留貯院內其門徒周悟仙主院事有侯道華者陝西芮城人言自峩眉來泊於院中願事悟仙以供給使灑掃隸役若風狂人衆道士皆奴畜之而道華愈欣然又常好子史手執一編一覽必誦之於口或問讀此何爲曰天上無愚懵仙人衆大笑之蒲中多大棗人傳歲中必一三無核者道華輒得啗之一旦著木履上觀前古松悉斫去其枝無盡衆屢止之但斫曰他日礙我

上昇處衆怨之甚適永樂縣令至具白於官責辱之道華亦忻然後七日晨起沐浴裝飾焚香曰當有仙吏來迎但望空拜禮已須臾見松上有雲鶴盤旋笙簫響亮道華下施几案致一杯水乃脫雙履於案前忽飛上松頂坐衆始驚忙闔縣官吏道俗奔馳瞻禮縣官叩搕流血道華揮手謝曰我受玉皇詔授仙臺郎知上清宮善信院今去矣仙樂齊奏幡幢隱隱凌雲而去衆視其所居留一詩曰

帖裏大還丹多年色不遺前宵盜喫却今日碧空飛

方知竊食太玄丹藥合院道士無不悔恨白於節度鄭光上奏之詔中使齎絹五百疋修飾廊殿賜名昇仙院使者

高少逸
王歊
孔夫人

奉勅過陝右、鞭驛吏見血、刺史高少逸奏聞、帝以勅使謫配恭陵、甲戌秋、以少逸爲陝虢觀察使、素善成都王歊、欽薦於朝、辭不赴。歊舉進士不求利禮。與妻孔氏俱好道、避居山舍、漁獵經史、孜孜矻矻、著多載子三十卷六經得失、史冊差謬、悉加針砭。嘗獨自娛、不白於俗、和光同塵、隨風逐浪、玄白禱而立應、以劉根自況、若將上之、疑是涓彭之徒、故有房室之事、鳴走以吝教、故降謫受報。大道至公。不容自私、世人以有所長、即矜爲獨得之秘、讓海於人、其罰更當如何、秦人四羅羅網、稍智自脫、并及毛女、可知人世陷阱無不可逃、第患自爲縶縛耳。王曼仙也、蓋因厄而傭、不因傭而賤、君子之於傭者、偕加憐恤。必獲茂實之報。太玄之丹、道葬竊食、必有自來、觀其平日樂於給使、甚於誦讀、犬類謫仙、

希道
師任光

○○○馬自然吟詩秦望、○○○軒轅集證道羅浮、
然其咀吸風露呼噏烟霞因以成疹積年苦冷而莫能愈、
乃訪醫於燕中道逢擕杖棕笠者鶴貌高古大異庸流叙
與語辭旨清爽叩其姓氏曰李任姓業於漁樵之間今名
希道笑謂曰少年有三惑之累耶何苦瘵若是叙曰疾可
愈乎曰予有爐鼎之功何疾不除叙乘對以師之齋於漳
水濱三日而受其訣曰
五精天魂金液地魄坎離運行寅福無成金木有數秦
晉合宜近劫六旬遠期三載耳
魄微入魂牝牡結陽煦陰滋神鬼滅千歇萬讃皆來決

日本國王子

顧師言

古往今來拋日月

又授九天皇仙太上上靈丹訣令精思以修敬愛而行之周畢瘳且瘳矣乃隱晦自處佯狂混世年八十踣於彭山道中識者痊之未幾人在成都市當為上樂溢縣猛獸結尾爲害敵醉宿草莽露身林野虎不敢近往見高少逸勸以乘職同隱高樹內國事未精其眼治身哉敵遂與失人至幾習即有龍車羽駕召昇爲太和真人是秋少逸密表請除閽豎上不報時有日本國王子來朝以善奕自矜帝命待詔顧師言與對王子出楸玉枰（玉似楸樹）冷暖玉基子（夏冷冬暖）師言以鎮神頭一着勝之王子乃服而去前八月十八

裴玄靜

李行言

日緱氏縣令裴昇女仙去名玄靜幼即請於父母置一靜
室披戴日以香火瞻禮道像不用女使潔思閑淡曾無慢
○容年二十父母欲以歸涇陽縣令李行言人鄠縣玄靜不願
父抑之曰女生有歸禮不可虧南嶽夫人亦有配偶遂從
命適行言婦禮臻備未一月告請另居李亦慕道從之乃
獨居焚修夜中聞笑聲李稍疑壁隙潛窺光明芬馥見二
女子年十七八鳳髻霓裳姿態婉麗侍女數人皆雲髮綃
服及且行言問之曰此崑崙仙侶相省更來慎勿窺恐爲
仙官所責妾與君宿緣甚薄念後嗣未立當爲君言於上
仙一夕天女降玄靜言之比子何來經年送一兒來裴謂李曰此君

之子也後三日有五雲盤於仙女奏樂白鳳載玄靜向西北昇去州官奏聞帝失之信冬十月獵於苑北遇樵夫乃恆陽人問令爲誰曰李行言性執有盜數人匿軍家索之不與乃弁殺之帝問昇仙事樵云有之歸帖其名於柱反海州刺史闕以行言補之時河北諸鎮俱貢獻帝加慰勞

使臣田言冀州戚氏女玄符於八月十一日昇天女三歲疾卒父母號慟方甚有道士過其門曰可救抱示之曰是氣厥耳衣帶中解黑符救之遂活復曰此北嶽眞君女官也可名玄符及長適人舅姑甚酷侍奉益謹常謂諸女曰我得人身生中國尚爲女人此亦所闕也父母早喪唯舅

○爲自然

霸王常請客

姑爲尊雖被箠楚無所怨夜有神仙降授靈藥遂沐浴更衣拜辭舅姑曰極欲侍奉奈仙程所迫不能久留忽踏空漸高爲風雲擁去帝聞之歎曰仙道遥可冀乎時馬植罷相出爲常州刺史聞馬自然神異邀之自然名湘杭州鹽官人世爲縣小吏而湘獨好經史攻道術遍遊訪友後歸江南嘗於湖州醉墮霅溪經日方出衣不沾濕坐水面言曰適爲項羽招飲欲大醉方許返耳溪濱觀者如堵酒氣猶衝人狀若風狂路人多隨看之常以拳入鼻及出拳鼻復如故又指溪水逆流食頃指桺樹令隨水來去指橋令斷復續時在毘陵馬植延禮甚謹曰幸與道兄同姓欲爲兄弟

事全剳仙

知微

[illegible]湘曰相公何望。植曰扶風。湘曰相公扶風馬湘則風馬牛但且相知無徵。同姓植留之郡齋或飲食次請見小術乃以麄器盛土種瓜須臾引蔓生花結實取食賓皆稱香美異常又於遍身及襪中出錢甚多擲之皆青銅者有人收取頃之復失植為言城中鼠極多湘書符令貼於南壁下以筋擊盤長嘯鼠成羣來就符下伏湘乃呼鼠中一大者近堦責之曰汝毛蟲微物天與粒食何得穿墻穴屋擾於相公且以慈憫未能盡殺。汝宜相率離此。大鼠乃迴羣鼠作隊隨之無數出城去自後城內絕無辭遊越州與婺州永康縣牧馬巖道士馬知微及弟子王延叟經洞巖禪院僧

三百輩方齊僧見湘單躋箕踞而食略無揖者但資以食湘徒知微延叟急食而去御齋米畢即出門遠行至諸暨縣南店中納去禪院七十餘里夜深聞有尋道士聲主人遽應之喜極願請見及入乃二僧禮拜哀泣云禪僧不識道者昨失迎奉致貽譴責三百僧食訖便不能下某二人主事不坐所以得來固求赦之湘惟睡而不對知微延叟但笑僧愈哀祈湘乃曰此後無輕慢於人也回去坐僧當起矣僧回果然湘又南行見一家園植菘菜求之不得加之惡言湘命延叟取紙筆知微言求菜見阻誠無訟理況在道門詎宜行此湘笑曰我非訟人府作小戲耳乃畫一

無禮 士 為北 無知

皆警世語

亦之善戲
者

白鷺以水噀之即飛入畦中啄菜其主趕起飛下再三湘
又畫一個子走逐白鷺共踐其菜一時碎盡其主見道士阿呵
嗤笑忽悟遂來哀請湘曰聊以相戲於是呼鷺及犬皆飛是是
走投入懷中觀菜蔬無所損謂曰慎勿隱口傷人復南遊
霍桐山入長溪縣界投宿旅舍舍少而行旅已多主人戲市井諺嘈
言能壁上睡即相容已逼日暮知微延叟切於此宿湘曰
爾但於俗旅中睡已即躍身梁上以一脚倒挂而睡鼾聲
如雷主人異之以火照見湘張目曰梁上猶睡壁上何難
俄而入壁不見主人驚懼移二人入內淨室安宿及旦主
人留連二人謝別前行數里尋師已在路傍坐背諸馬王

曰求物於恍惚求精於杳冥形神洞達與道合眞後二人皆仙去
自霍桐回永康縣東天寶觀駐泊觀有大枯松湘播聞此
松已三千餘年當化爲石未幾松果化石皴如龍鱗忽大
風震倒山側作數截値陽發刺史婺州性尚奇異乃徙兩
截就郡齋兩截置龍興寺九松堂湘與人治疾無藥但以
竹杖打痛處若腹內及身上有病以杖指之口吹杖頭作
雷鳴便愈有患腰腳駝曲拄杖而來者亦以竹杖打之應
手伸展釋杖而去或以財帛爲謝即散於貧人所遊行處
多題詩句其登婺州秦望山詩曰
太乙初分何處尋空留歷數與人心九天日月移朝暮

萬里山川換古今風動水光吞遠嶠雨添嵐氣沒高林
秦皇謾作驅山計滄海茫茫轉更深
後歸故鄉省兄兄適出州謂嫂曰將歸與兄分此宅我惟
愛東園耳待三日不歸遂無疾而卒明日兄歸感慟曰弟
學道多年是歸託化以絕望也乃棺斂將葬之忽輷然有
聲一家驚異即葬於東園明年丁丑春劍州梓潼縣道
士馬自然白日上昇在東川日常謂人曰我鹽官人也將
往羅浮遊軒轅先生同謁大仙伯勑浙西刺史覆視之發
塚啟棺惟一竹杖帝因二處復命之異欲爲馬仙建祠額
識令狐綯將亞歲之禮奏曰天子所理者政治耳若夫仙

穆仁裕

適非是所宜罷暮爲西川節度、給事中穆仁裕姪曰將符

穆將符

幼薄聲名不窺世祿而深入玄關縱逸自放曾遇邢仙翁
於九嶷山受其道曰授人以養神煉氣之術分離有穆房
玉籥之書須何黃庭分內外不教周易秘乾坤將符有語
欲叩姓氏仙翁曰避世於此不欲聞名人間將符意謂和
璞眞人既得吐納自修之道好飲酒高閒傲睨與長安東

姚生

市姚生善時往來其家酣酒談道彌日累夕姚忽暴卒樂
家惶駭奔訪將符除夜方至姚已奄然無息將符笑曰有
明是邢仙傳派
殺也無遽憂怖遂解衣與姚同衾而卧戒其家令作人參
湯稀粥以候勿悲泣驚呼待喚方應滅燭寢至中夜方命

燭視之、姚已起坐、少以參湯灌下、良久以粥助之、乃能言
曰、適爲三四黃衣使者、以馬載西行甚急、道逢蒙昧、如微
月中遊巡、有赤光如日出狀、黃衣促轡尤急、聞傳呼云、太
乙有勅、使天兵遣回、乃顧見騎乘旌旗、森然成列、所乘馬
及黃衣奔竄去、別有朱衣引歸、將符曰、吾將居守江陵、遂
遁去、仁裕四訪、不知所之、帝聞羅浮軒轅集有道術、召十
月遣使迎之、
在海豐羅山浮山相合、故名、高三千六百丈、
周三百餘里、嶺十五、峰四百三十二、秀者曰
飛雲、王鶴、麻姑、仙女、會眞、會仙、錦繡、玳瑁、幽者曰金沙、石
臼、朱明、黃龍、朱陵、黃猿、水簾、蝴蝶、大小石樓二、可望海、樓
前一石門、方廣可容几席、二山相接處、有石磴、伏如橋梁、
名鐵橋、橋端兩石柱、曰鐵柱、有跳魚石、伏虎石、阿耨池、夜
樂池、卓
錫泉、
集得桐君之傳、修煉於此、相傳數百歲、顏色不衰

立床前髮垂至地坐闇室目光可數尺每採藥於深巖峽
谷則有毒龍猛虎護衛或民家具齋邀之雖一日百處分
身而至與人飲即袖出一壺容二三升縱賓客滿座傾之
彌月不竭人命之飲百斗不醉夜則垂髮盆中其酒瀝瀝
而出麴蘖之香輒無減耗病者以布巾拭之應手而愈時
趣召入京迎至內殿禮遇甚厚帝問長生可學乎對曰王
者屏欲而崇德則自然受大遐福與天地合德日月齊明
不必別求也帝曰如何而可集曰絕聲色薄滋味哀樂一
致德施無偏耳又問先生道與張果孰愈曰臣不知其他
但少於果耳因問將符何如人集曰穆生隱仙也名位列

於九清之上勿以其嗜酒昏醉蓋和光混俗元放孝先之流也乃出居昊天觀一日帝命嬪御取金盆覆白鵲以試之集方休於所舍謂中貴曰皇帝欲令老夫射覆乎於時奉命亟往纔及玉墀即曰盆下白鵲宜蚤放之帝笑曰果知之矣設座於御榻前命宮人傳茶湯有笑集貌古布素者俄而縝髮朱唇變為雞皮鮐背鬢髮如絲涕泗交下帝令謝先生而貌復故帝偶言京師無荳蔻荔枝花頃於袖出二花皆連葉各近百數鮮明芳潔嘗於宮中共食柑子集曰臣山下者味逾於此即取御前碧玉盤以物覆之少時撤視柑子實盈盤香馥滿殿帝食之甘美無匹更問所得

眞稼

幾年作天子、遂拋筆書四十年、但十字、撫膺帝曰、朕安敢望乎、即位(准十四年)主晏駕、未幾辭去、帝命中使送至江陵、於囊中○探錢椀貨約數十萬、不知何來、謂中使曰、已有道伴同行、汝可回、明日忽亡去、中使惶恐、還述其事、後月餘、南海奏、先生歸羅浮矣、集與將徐過鐵橋、見石樓有兩人、下迎一是馬自然、携笻杖、前叙間濶、一位髽青巾、衣黃衫麻鞋、皂絛、背劍執拂、如功曹使者、集問之、自然曰、即雲房首徒純陽子、誓願混俗度世、集愕然、握手曰、得見何晚也、遂至蝴蝶洞、幽處劇談、暢飲留連、數日、純陽贈以詩曰、

羅浮道士誰同流、草衣木食輕王侯、世間甲子管不得、

盧英

壺裏乾坤只自由。數着殘碁江月曉。一聲長嘯海山秋。飲餘回首話歸路、遙指白雲天際頭。先欲告別、自然曰、君已會過大仙伯、僕將與二公往卯集、曰、呂君濟度重任、不敢屈留、送至夜樂池而別、纔陽北至趙州、自號呂翁、息邯鄲道、邸舍攝帽弛囊而坐、俄見一少年衣短褐、乘青駒、將適於田、亦止旅中、與翁共席坐、言笑殊暢、問姓名、曰盧英、序之彝、顧衣裝弊褻、乃歎息曰、大丈夫生世不諧、困如是也、翁曰、觀子形體無恙、談諧方適、而歎英困何也、英曰、吾苟此生耳、何適之謂、翁問子何謂適、答曰、士當建功樹名、出將入相、列鼎而食、選聲而聽、使族昌

崔氏女

悉那邏

龍莽

家肥然後可以言適吾嘗志於學遊於藝自謂青紫可拾過壯猶勤畎畝非困而何言訖忽昏然思寐時主人方蒸黍翁探囊中青瓷枕以授曰子枕吾枕當令子榮一如其願英俯視枕竅兩端漸大明朗乃舉身入至家數月娶清河崔氏女容甚麗嫁資厚由是服御日益鮮盛明年舉進士登第釋褐秘校應制渭南尉俄遷監察御史轉起居舍人知制誥三載出典同州遷陝州英性好土功自陝西鑿河八十里邦人利濟刻石紀德移節汴州神武皇帝方事戎狄恢弘土宇會吐蕃悉那邏及燭龍莽布支攻陷瓜沙節度王君㚟敗死河湟震動帝思英有將帥才除御史中

十布支
十王君奐
雖夢亦大快、

丞河西道節度、大破戎虜、斬首七千級、開地九百里、築大
城以遮(功成)要害邊人立石於居延山頌之、歸朝冊勳、遷戶部
尚書、爲時宰所忌、以非言中之、貶端州刺史、三年、徵爲常
侍、寵辱烏怨驚、
黜陟任播弄、
希道以修眞秘訣授獻、以其胸無勢利、俗情盡脫故耳、
至於眞訣中的、有精義、閱者勿視爲陳陳也、
自然見馬植、不肯附於同姓、高品宜然、若夫遺鼠不殺
世物命也、法禁坐僧、譬無禮也、戲蹀苹畦、戒惡口也、術
驚旅店、懲輕薄也、杖擊病者、哀疾痛也、歸家示來、念手
足也、慈悲方便、存在皆是。
軒轅居羅浮潛修、至是而顯、其行藏眞揕與張果彷彿。
史衛曰、雲臺峰有馬徐郭文四始、皆以眞爲名、唐代有
孫趙牛馬四道者、皆以知微爲稱、可見知微而眞男一
自然入道、蓋欲顧名思義也。
仙史衛曰、呂翁深有意於盧生、乃以覺己之道覺之、然
不可以夢境觀、當作實事迴想、則無一不有覺者、

蕭嵩

東門擁犬
華亭鶴唳
之歎同

伯儉
仲傳
叔位
季倜
幼倚

恣[illegible]氣驕

金可記錬眞子午悟遠師洗孽茶籠
未幾同平章事與蕭嵩裴光庭同執大政十餘年號賢相
同列誣與邊將交結下制獄府吏引徒至門急收英惶駭
不測謂妻曰吾家山東有良田五頃足禦寒餒所苦求祿
而及此今思衣褐乘駒行邯鄲道中不可得也引刀自刎
妻救之獲免中官保之減罪死投蘇州數年帝知寃復追
爲中書令封燕國公生五子皆有才器長儉爲考功員外
次傳侍御史次位爲太常丞次倜萬年尉次倚最賢爲左
衮其姻婭皆天下望族有孫十餘人綱紀蕭嵩五十餘年
崇盛蕃奕性頗奢蕩後庭聲色皆第一綺羅前後勝良田

曾經得第來、
[illegible]一覺到
今年、

甲第佳人、名馬、不可勝數、年漸衰邁、屢乞骸骨、不許、病中
人候問、相踵於道、名醫上藥、無不至焉、將歿、上疏謝恩、詔
高力士就第候、省是夕、薨、英欠身而寤、見方偃於邸舍、呂
翁坐其傍、主人炊黍未熟、觸類如故、生蹶然而興曰、豈期
夢寐耶、翁曰、人生之適、亦如是矣○英憮然良久、謝曰、夫寵
辱之道、窮達之運、得喪之理、生死之情、盡知之矣、此先生
所以窒吾欲也○稽首再拜、求度、翁慨然許、鍊遂攜往閬苑
令代仙姑掃葉、謂曰、何先生功積綿深○陞任東海青霞洞
眞大元君、子當攝之、姑曰、守職少閒、偶遊江左、見一蒼顏
道人長歎曰、人生是眞耶夢耶○余笑曰、眞者還是夢、夢者

張山峯

何一陽

未必非眞見眞如見夢只恐反非眞耳老曰見眞不識眞笑倒南無觀世音知此子徒以口角招非因轉語云觀音眞自在爾不見其音要識歸來路須尋假裹眞欲度彼出離愛河奈其不屑懇問故未點化復至華山遇一道者金丹秘訣悉脩於身因無天詔不得飛昇玉闕及詢其由生於劉宋時曰張山峰號朴陽子未入道時曾授人以房中御女之術天帝惡之終於草島遊仙憶天律之嚴如此甯緣之阻如彼子得我師化度務宜努力精進何祖自居蓬島青霞號曰一陽閒入世廣濟無盡純陽回終南道童云祖師送金寶貢上天者劾也純陽復與柳仙東遊南海新

羅國賓貢進士金可記性沉靜不尚浮華常服氣鍊真屬文清麗美姿容舉動言談迥有中華之風擢第後於終南山子午谷葺居植奇花異果焚香靜坐若有所思誦道德諸仙經不輟得鍾離指教後忽航海歸去復至中國則衣道服務行陰德丁丑冬忽上表言臣奉玉皇詔爲英文臺侍郎明年二月二十五日當上昇帝正以軒轅集去遣中使徵可記入內固辭又求閱玉皇詔辭以別仙所掌不留人間帝賜宮女四人香藥金綵又遣二中使服侍可記獨居靜室都不接近每夜聞室內有談笑聲竊見仙官仙女各坐龍鳳上儼然相對復有侍衛甚多外人不敢輒驚垂

于延齡　李遠　○陳惠虛

期景物妍媚、果有五雲映鶴、祥鸞白鵠、笙簫金石、羽蓋瓊輪、旛幢仙仗、擁護昇空而去、朝列士庶瞻禮塡隘山谷、帝益好神仙、而方士輩競獻丹藥、帝餌之、已覺燥渴、冀其延年、猶自諱之、(可憐、)是秋奏虔州嚴刺史棄職訪道羅浮、冬十月、以于延齡代之、令狐綯擬李遠爲杭州刺史、帝曰、遠詩有長日惟消一局碁、安能理人、遠至任、暇與賓客遍訪浙中諸異、先是天台國清寺有僧惠虛、(姓陳、江東人、)與同侶遊山、戲以過石橋者、爲能水、峻苔滑、懸溜萬仞、衆股慄不前、惟惠虛趨然而過、徑上石壁、至夕不回、羣侶捨去、惠虛出石壁外、微有小徑、稍行漸平濶、花卉蔓叢、不可目識、十里許、忽

及宮闕臺閣連雲其門題額曰會眞府左額曰金庭宮右
額曰桐栢三門相向鼎峙皆金樓玉窻高百丈入右内之
西一高樓黃門題曰右弼宮周迴數千間屈曲相通遥
堦玉陛流渠放水處處華麗殆欲忘歸入一院見青童五
六人遥相顧笑語追問之應曰汝須問巴山張老回顧一
叟挾杖持花而來訝曰汝凡俗人何忽至此恵虚曰常聞
過石梁有羅漢寺塵世時聞鐘聲故來尋訪千生幸會張
曰此天帝之下府號金庭不死之鄉養眞之靈境周百六
十里右弼桐栢上眞王君主之列仙三千人仙王力士天
童玉女各萬人太上一年三降此宮校定天下學道人功

行品第爲小都會之所何有羅漢惠虛曰神仙可學否張
曰在於立志堅久汝得至福庭有可學之望又問以何門
而入張曰內以保神鍊氣外以服餌丹華上真適遊東海
騎衛若還恐有咨責汝可旋返因引之出不數步已在國
清寺中險峻如未之度自此慕道好丹石爐火凡有所得
皆費於此晚居終南捧日寺老而愈切寢疾月餘羸憊且
甚一旦暴雨後有叟入寺叫曰賣大還丹繞廊數廻衆僧
笑指惠室曰此中有人要買叟徑詣其室惠見即是張老
問靈藥一劑幾許錢叟曰隨力可也惠曰老病無資唯餘
襯錢少許恐不足也叟曰是亦足矣取其錢留藥數丸教

其服食之法而去、惠郎春之、久疾都愈、僧衆齊問曰、但要新衣一兩事、跳起勢如飛躍、有與以新衣、取著之、飛上殿屋、從容揮手、冉冉騰空不見、是年歸國、清與衆云、在桐柏宮中、今涉仙弟子夏侯信來遊、眞君命吾迎之、故暫至此、衆曰、近有人自稱隱者、云從茅山來遊、携布囊竹杖、每獨居一室、不雜於衆、或露宿草間樹下、人窺之、覺雲氣蓊鬱、不見其身、行則閉目、登山涉險、鼻有鼾聲、而步不差跌、止則覺而開視、皆呼爲睡仙、惠曰、正其人也、魏晉時、與曹德原是同宗、休同入道者、仙格已高、故眞君欲晤之、有客言於刺史李遠、遠廣集爲越仙記、已卯春、西川節度魏蓦表、諫遣斥方

士。去年、海東道士獻萬壽金丹、帝服之、燥渴益甚、及睹墓表優詔答之。然體已惙、墓在川撫恤士民時人比之韋皐

德宗時有岐陽秀才許棲巖習舉業於昊天觀、每晨夕必瞻仰眞像、朝祝靈仙以希長生、及下第聞南康王善容悉、入蜀計欲市一馬而貲少、入西市訪之、蕃人牽一馬瘦削、價不甚高、因市歸加以芻秣、而馬益削、慮不能涉遠、試詣卜肆筮之、得乾之九五、道流曰此飛龍也、宜寶之。洎登蜀道危棧、與馬俱墜岸下、幸積葉甚多、無所損、但仰不見頂、四面路絕、乃解鞍去銜、任馬所之、循巖行至一洞、僅可通人、冒而入、或下或高、約十餘里、忽及平川、花木秀異、池沼

⊙顏陽尊師

澄澈一道士卧石上二女侍側樓巖拜問二女云是太乙天尊樓巖訴其行止玉女惆而白之天尊曰汝於人世亦好道乎曰讀莊老黃庭曰三景之中得何要句答曰老子云其精甚眞其中有信莊子曰至人之息以踵黃庭云恒思一鄙壽無窮天尊笑曰去道近矣可教也命坐酌小杯以飲之曰石髓也嵇康初不能得乃邀詣別室有道者云是顏陽尊師爲天尊布算言今夕當東遊十萬里熟視之乃卜馬道士視樓巖微笑是夕與顏陽從太乙登東海西龍山石橋上赴羣仙之會座內有中黃君見樓巖喜曰許長史孫也亦有仙相及明復隨太乙跨虬歸洞居半月思

家求還天尊曰汝飲石髓已壽千歲無輸泄無荒淫復來
再相見命以所乘送之曰此吾洞中龍也以作怒傷稼謫
其負荷予有仙骨故値之不然此太白洞天瑤華上宮何
由而至耶予回放之滑曲任其所適既出洞馬忽騰躍如
雲霧中逡巡已達虢縣則無復故居矣問鄉人云已六十
年出洞時二玉女託買虢縣田婆針乃市之繫馬鞍上解
放之化龍而去棲巖幼存鄉里已見田婆至此容狀如舊
蓋即崔煒妻田氏復還鮑姑夫婦俱為地仙棲巖常往其
家互説所以復至蜀謁魏墓不得見未幾重入太白洞巖
與業宙善常作書相規正道時宙觀察浙西至任李遠知

其仙裔以所紀呈覽建州故刺史嚴士則穆宗朝登進士爲尚衣奉御頗好道因午日於終南採藥迷路徘徊巖嶂間數日所齎糧糗既絶四望無居人計去京不啻五六百里然林岫深僻風景明麗乃更入有茅屋數間出松竹下烟蘿四合纔通小徑士則連扣其門竟無應者因窺籬隙内一人於石榻偃卧看書推户直造其前方攝衣起士則拜之自陳行止因遣坐盤石上亦問京華舊事復問幾朝天子云自安史犯闕時居此士則言廹於枵腹請救以飲饌隱者曰自居山谷且無烟爨念君遠來相過當以一物何物爲餉自起於梁間脫紙囊啟其中有百餘顆如扁豆形俾

於藥室取鐺拾薪汲水以一粒煑之良久微有香氣視之已如掌大曰可以食矣渴則飲鐺中餘水士則方啗其半覺豐飽復曰汝至此由宿分自兹三十年無復飢渴俗慮塵情將淡泊也他時位至方伯當與羅浮相近能脫去羶華兼獲至道士則欲告歸恐未識路曰勿憂此去三二里遇樵者可隨之至國門不遠也既出果有採薪者隨行經宿已在樊川村野還京不喜更嘗滋味日覺氣壯神清有驂鸞駕鶴之意衣褐杖藜棲止巖岫僕射盧鈞既味玄默思覩異人有道流述其事遂致之門下及聞方伯之說因以處士奏官自梓州別駕作牧建溪年已九十到郡纔周

懿宗漼 咸通 裘甫 王式 劉商

歲即解邸歸羅浮復過終南隱者傳以金液丹訣曰吾玄
宗時張家也避世居山遇異夫師授道韋宙即邀李遠往
訪得於山谷間設宴款之唯飲酒數杯勸韋李休官并言
聖駕將崩浙中將亂良久別去各遵命告病歸夏六月帝
又中其毒
服金丹疽發於背令捕戮丹方士仲秋帝崩壽五十歲
在位十三年
迎鄆王漼即位為懿宗庚辰改元咸通浙東賊裘甫作亂浙
西觀察王式發諸道兵平之時浙西武康上強山劉商艸山
靖王
後會舉孝廉歷官合淝令篤好方術服鍊凡五金八石
所難致者必力求之人有方蹠未合鍊者必資其藥石給
其爐鼎使成之未嘗有所覬覦後棄官泛舟苕霅因卜居

上強凡樵童藥叟雖尋常草木品類必答以善價一日澗
樵者有朮一把商亦厚價致之偶杖策逍遙叢林間有人
相語曰中山劉商今日已賜眞朮矣蓋陰功所感商窺林
杳無人跡遂歸取朮修服之月餘齒髮益盛貌如嬰童舉
步可及馳馬登陟雲巖無復困倦又月餘坐知四方事驗
若符契往往澗樵山下取值詣酒家醉飲酒家盡禮相接
後復至謂曰我劉商也夙攻水墨願留一圖以酬見待之
厚使修繒素約以再來逾日果至援筆運思頃刻成千山
萬水非世之所及作畢謂曰叔祖淮南王爲九海總司居
列眞之任授我南溟都水之秩向日遠別不復來矣十餘

〇〇知玄

自忽香風瑞雲彌布山谷樵者並見空中騎乘飛舉而南年式目擊奏聞不報辛巳春杜悰同平章事帝性驕奢而奉佛太過禁中設講席自唱經文數幸諸寺施與無度拜髙僧知玄爲悟達國師師李顯時甞邂逅一僧於京師乃悉迦摩羅疾衆惡之而玄與之隣時顧問無厭色僧感其義視曰子向後有難可往彭州茶隴山相尋有二松爲誌别云玄居安國寺道德昭著帝親臨法席拜爲國師賜沉香爲座恩渥甚厚自爾忽生人面瘡於膝眉目口齒俱備每餧以飲食則開口吞啖痛不勝言徧召名醫皆拱手默然因憶悉僧之語遂往西蜀相尋值天晚彷徨四顧見二

集福傳人　鄧省過　○迦諾迦　○信師古

松於烟雲間、信期約之、不誣、即趨其所、崇樓廣殿、僧立門首顧接甚權、師以所苦告、僧曰無傷、巖下有泉、翼旦濯之即愈、黎明童子引至泉所、方掬水、瘡即大呼、未可洗、我有宿因、待爲即說、公識達深遠、嘗讀西漢書否、師曰曾讀、瘡曰寧不知袁盎殺鼂錯乎、公即盎、我即錯也、錯腰斬東市、其寃爲何如哉、累世求報於公、而公十世爲高僧、戒律精嚴不得其便、今受人主寵遇、於德有損、故能報而害之、蒙迦諾迦尊者洗我以三昧法水、自往不復爲寃矣、師凜然魂不佳、體忙、掬水洗之、其痛徹髓、絕而復甦、其瘡不見、回視寺宇、皆無、因卓菴其所、遂成招提、迨宋至道中、賜名至德禪寺、有高僧、信歸

九

古作記其事甚詳紀、悟達深思積世之冤、非遇聖人莫釋、因述爲懺
法其文三卷、名水懺、朝夕禮誦、後世傳播、取三昧水洗冤業爲義、壬午帝
更置戒壇、廣度僧尼、民間翕然崇釋、吏部侍郎蕭倣上疏
曰、玄祖之道、慈儉爲先、素王之風、仁義爲首、垂範百世無
以復加、儒之爲道、殊異於此、三教本一貫、六合崇五常、
金生三於海國而有華風、固可異也、然其得道處則不
在是、
世以天台爲羅漢道場、非惠虛身歷境趣、孰知爲神仙
都會、懿宗輕道重釋、呂祖引懷一入道、眞是急水下篙、
史衛曰、憲宗服金丹暴崩、而穆武宣復循其轍、此皆棄
龍之好耳、君道未能、焉望仙道、
又曰、人命關天、冥中最重殺戒、其機一動、輾轉相殺無
已、袁晁之事足徵也、不遇聖僧、永劫莫識、世人何苦尋
仇積怨、却得誰來解釋、況已經十世而得者乎、

與諸儒稱識見如何

懐一

郭柳

○○○劉相國被誦逢兄　○○○趙山人披雲玩月

顧陛下開館延英接對四輔罷去講席躬勤政事帝不從、時青州雲門寺僧懐一本越人、凌晨欲上殿燃香三道流觀曰有一奇境能往遊乎懐一曰諾即與入山花木芬芳泉石幽勝或連峰概天長松夾道或瓊樓蔽日層城倚空所見不可殫述久之覺飢道流已知曰山桃可以療飢授一枚大如升奇香珍味食訖即凌波不濡升虛不礙矯身雲末振袂空中仰視日月下窺星漢無幾復歸舊居已朞月矣道流謂曰余同姓此吾徒郭柳也子已遊蓬萊當先得仙復歸於釋乃去懐一自此不食穀食一旦歸越與父母話其事、欲訪諸靈勝、會稽崔希眞服葛老所贈藥、輕健聰明、時值懷一談、及結爲眞侶、別赴長安、於灞橋遇灞蔬者、狀與贈藥者相類、因問非葛三郎乎、蔬者笑曰、三郎乃稚川之子、安得識之、負蔬而去、（又當面錯過、）希眞復回江左、途遇一人、形貌瀟灑、布衣芒蹻、異而就語、其人曰、某王廓、曾於荊渚隨船將過洞庭、風甚、泊舟君山、與同伴數人登山尋徑、忽聞酒香、問諸同行、皆不覺、良久香愈甚、路側崖間有洞、乃入行十數步、平石上有窪穴、中有酒、掬飲、味極醇美、飲可半斗許、少醉、坐歇窪傍、稍醒、歸舟言之、同侶爭往求之、無所見、從此漸厭五穀、遍游名山、訪道、希眞曰、仙經有云、君山

四 徐仙姑

天酒飲之昇仙漢武命欒巴求之爲東方竊飲者也因述以已事遂同遊羅浮諸勝偶至一山見寺僧皆儼立尸坐若被拘縛口噤不能言有徐仙姑者已數百歲狀貌常如二十餘善禁呪術獨遊海內多宿巖麓林窟亦寓止僧舍是山諸僧巧言挑侮姑叱之羣僧激怒詞色愈悖姑笑曰棄家雲水不避蛟龍虎狼豈懼鼠輩乎即脫衣而臥遽撤（目無羣丑）其燭僧喜爲得志遲明姑理策出山當夕諸僧皆不能動崔王坐侍良久僧始能言二人聞仙姑之異乃訪其所往仙姑來往江表常爲人驅邪治病謂剡縣白鶴觀道士陶

陶貲雲

貲雲曰先君歷仕周隋以方術陰功得道故我爲福所及

二

十路巖 二薛逢 孫靈諷 親吏 造化

亦獲延年今將省親包山也崔王追踪至剡不遇復遊於蜀甲申冬同平章事路巖與其同學友河東薛逢為綿州刺史逢字陶既任蜀夢入洞府闃然而寂殽饌甚多不敢餐出門有人謂曰此天倉也及明話於賓友或曰州界昌明縣有天倉洞中自然飲食每遊雲水者輙得而食逢即使道士孫靈諷與親吏往訪歎焉而入十里外漸明闊又三五里豁同人世崖屋極廣可容千人其下平整有石床羅列飲食名品不知紀極皆若新炊靈諷與吏拜食歎美甘香別開三五所皆如此請以奉薛公為信及齎出洞形狀宛然皆化為石洞左右散麪復麪堆鹽積鼓行一二里

定思雖我輩亦當許千黃庭經

杜宣猷

王貫

溪水迅急既濶且深隔見山川居第歷歷近岸沙中有履跡皆二三尺繞知通行歸述其所以薛歎異徧求博識希眞王廓入見廷爲上賓問之崔曰地輿誌云少室有自然五穀甘果神芝仙藥在嵩山西十七里從東南上四十里爲下定思人上十里爲上定思十里中有大石門爲中定思自石門西出至崖頭下有石室中有水多白石英室内有經書飲食爲王子晉得道處逢深然之崔玉謂東南仙流藪窟終當歸去乙酉春杜宣猷觀察宣歙前爲建州觀察時希眞與之有舊遂與廓附舟南歸時婺州叅軍王貫戲以鞭畫水見黑白二龍執其手入江從人撈救已死身

畔有金匱玉符即以為殉葬宣猷異其故崔曰貫本第三天人今謫滿復還矣

許明恕

歙州許明恕家有婢逐伴入山採樵獨於南山見一人坐石上方食桃甚大問曰汝許家婢耶我即明恕祖宣平也婢言常聞祖翁得仙無由尋訪曰汝歸為言我在此山與汝一桃不可將出虎狼甚多山神惜此桃耳婢食甜美頃之而盡乃遣隨樵人歸覺擔樵甚輕回家具言明恕嗔呼祖諱取杖擊之婢隨杖身起不知所往

仙婢

婢父母疑其殺女控告州縣及申觀察希真為之辯紛曰汝女百劫罕遇何反購怨乎父母乃釋值百與兵亂明恕避居山中見婢衣藤葉疾走喚之不顧升林木而去時

十高駢
十錢朗
十朱邪赤心
李國昌
二同昌公主
二劉瞻
一温璋
〇劉瞻

粵蠻結海南諸國擾害郡縣丙戌冬以高駢為鎮海軍節度使安南都護副使錢朗清修好道得補腦還元之術享壽一百七十餘歲常勸駢入道云國事日非戀此恐後難遣駢諾而謝之一日朗語家人曰吾將遊上清宮也遂尸解去桂州戍卒作亂衆至十萬朱邪赤心討平之赤心西突厥種奏捷京師賜姓名李國昌庚寅夏以為振武節度晉陽秋八月同昌公主薨帝殺醫官二十餘人收其親族繫獄宰相劉瞻與京兆尹温璋力諫帝罷瞻為荊南節度璋貶振州司馬瞻兄名瞻小字宜哥少時於門首見道士問瞻知道否瞻曰某性饒俗氣業因未淨恐難學道道士曰

能相師師即得晤曰何幸遂師之久乃謂瞻曰鄙必不第則逸於山野爾得第則勞於塵俗竟不及於鄙也然慎於富貴四十年後當驗瞻曰神仙遐遠難求廊廟咫尺易致馬周張嘉貞可繼踵也晤乃隨師入羅浮至是瞻罷相同昌

韋保衡之失韋保衡又與路巖共譖謂與醫官通謀投毒貶康州刺史再貶驩州長史萬里去長安行至廣州朝臺泊舟江濱忽有了角布衣少年衝暴雨來衣履不濕云欲見瞻左右詰之曰但言宜哥來以白瞻問形狀具以對瞻驚歎迎入見晤顏貌如二十許瞻已皤然衰朽方爲逐臣悲喜不勝（相形之下能不深感）晤曰與余爲手足所痛曩日之言今四十年矣瞻感歎曰

○黎幹
○蘭陵老人
○坊卒

可復修之否。瞬曰。身邀榮寵。職和陰陽。用心動靜。能無損乎。自非茅家阿兄。已昇天仙。能相救爾。今來相別也。乃同舟行。話平生契濶云。所師乃稚川翁。至州失瞬所在。路巖又譖溫璋。遂賜死。先是黎幹代璋爲京兆尹。時曲江塗龍祈雨。觀者數千。黎至。衆辟易。獨一老植杖不避。幹怒杖之如擊鞔革。掉臂若不知而去。黎疑非常人。命坊卒尾至蘭陵里之南。入小門。有黃冠數人出謁。甚謹。老人大言曰。我困辱甚。可具湯水。坊卒遽返白黎。黎大懼。因衣敝服至其處。卒直入通黎之官閥。黎趨入拜伏曰。向迷丈人物色。罪當十死。老人驚曰。誰引尹來此。即牽臂上階。黎知可以理

奪徐曰某爲京兆尹戚稱犢則失官政丈人埋形雜跡非
證慧眼不能知也老人笑曰老夫過乃具酒設席於地招
坊卒令同坐黎轉敬懼老人曰有一技請爲尹設入良久
出紫衣朱鬘擁劒長短七口舞於中庭迭躍揮霍挽光電
激旋若規火横若掣帛短劒二尺餘時時及黎之衽黎叩
頭股慄食頃擲劒於地若七星狀顧黎曰向試尹膽氣黎
拜曰今後性命皆丈人賜也乞役左右老人曰尹骨相無
道氣別日相顧也遂揖出黎歸氣色如病臨鏡方覺鬢眉
剃落翼日復往室已空矣時復降勅京尹捜捕罸人朋黨
株連甚多衡山山人趙知微穆宗初疏諫遊畋至是復上

言公主已得仙乞赦拘囚之衆帝異其言遣使召詢知微（方便）已於九華山修煉有年結廬鳳凰嶺前諷誦道書沉志幽寂人不見其情容常云分杯結霧方化竹釣鯔術吾久得之固恥為耳咸知其得䆳成千儔相約投為弟子趙亦不拒前月中秋霽靄華於今之望夕皇甫玄真趙之高足也謂同門生曰甚惜良宵值此晢雨語頃趙君忽命侍童可備酒果過召諸曰能昇天柱峰翫月否諸生雖[illegible]辭讓濃陰險而如斯若暴行攀有難角巾折屐之事少間趙君曳杖而出請生步從既闢荊榛而長天清霽皓月如銀捫藤援條及峰之巔趙君遽出袖之菌[illegible]

遂咸

○宋文才

竜酒詠郭景純遊仙詩數篇諸生有清嘯者步虛者鼓琴仙會

者寒螿隱於遂寧方歸山舍既各就枕而淒風驟雨如徹寺

咸大歎服明日知微曰積雨不霽宰位失職慮有冤獄吾

嘗釋辯複為謝令人上之微書略嚴權妍驛果白崑崙有

語不能久住默然遂去俄有頃已不在帝稍精微者幸

呼龍路嚴嚴至蜀委政於龍度遂咸乃縱色遊宴闔局

州彭縣宋文才遇仙欲請諸有青城遂止文才初與鄉

里數人遊峨嵋及造絕頂偶遺所賷巾幘回收求之去伴

稍遠隨一老人徐行皆廣陌平原奇花珍木數百步至宮

闕玉砌瓊堂雲樓霞館老人携登一臺觀望羣峯未嘗塔

曰悟玄

實可畏怖

壘有道士弈棊青童採藥清泉漱石靈鶴翔空文才駭問何處答曰眞仙所居第二十三洞天也揖坐之際有人述所文才老人曰同侶相求他年復來可也命侍童引至門外回顧失當臺所在侶曰相失已半月每日來尋今始得見文才具述所遇人皆傳說有僧悟玄者雖寓緇褐而潛心求道涉歷三江五嶺黔楚諸名山至蜀有以文才事語之因踴躍追踪自雷洞之外凡七十二洞石室邃穴無所遺焉偶憩大樹下有樵者負擔亦來就憩問所詣玄述已意樵曰吾聞名山大川皆有洞穴須得洞庭記嶽瀆經審其所屬必是神仙所居然後可遊不然有風雷洞鬼神洞

肉方可
山訪道
堪辟穀

地獄洞、龍蛇洞、觸入其中害及性命悟玄駭謝而問曰峩眉洞天定可遊否樵因但謂洲主自可問耳玄問洞主為誰曰姓張在嘉州市門屠肉者是語訖負擔去玄至市求（考是屠仙）見告之張曰的是範寂掉舌玄問為誰曰蜀漢時居赤城閣者因命妻烹肉與玄為饌以肉三器令食玄辭不食已（齋僧）久張曰遊山不食肉何由得達玄心計度恐是所試不敢拒命食盡二器張益勸之固不能食矣張俯地拾一死子以授曰入至某峰下有洞門前有長松下有廻溪上有峭（此境須識之想）壁此天真皇人所居之洞也以苑扣之門開則入每遇門（想）（妙）即叩神境可到第內不盡三器恐不能遍閱玄疾往果得洞門與所言符、以手叩良久、峭壁中開、洞門高廣平坦、可通車馬、兩面皆青石光潔、時有懸泉流渠夾路、左右凡行十餘里、又值一門、扣之復開、沿道名花馥郁、臨崖姝子娉婷、道士仙官、部伍車騎、往來不絕、又過一門、扣一彌切、手片碎盡、門終不開、久之、聞震霆聲、惶懼出奔、三五十步、已在洞外、無復來時景趣、回訪洞主、屠舍宛然、而張已死月餘、詢問隣居云、臨終言遊山者復至、可令其往越中去、指點路徑○遂東遊於浙、一僧久居天台翠屏、其山深邃、當暑積雪不消、亦名寒巖、因自號寒山子、好為詩、每得句、即題於樹間石上、好事者隨錄之、得三百餘首、多幽隱之趣、或譏諷時事、

豐干 警勵流俗。國清寺豐干禪師獨行赤城道側見一小兒可數歲携回付典座僧遂名拾得令知食堂香燈忽一日輙登座與佛對盤而食典座忿然罷其堂任令厨内執爨滌器洗濯食滓以筒盛之寒山常就寺取食豐干北至丹陽太守閭丘胤患頭痛久不愈干呪水噴之立瘥胤異敬之忽有命出牧海州乞和尚示此去安危干曰太守欲謁文殊普賢耶寒拾二子即其化身也胤到任詣訪見二人圍爐笑語不顧胤致拜二人連聲咄叱既而寒山起執胤手呵呵曰豐干饒舌胤問干何人二人曰彌陀東遊耳其願出廣長舌徧覆三十大千世界也語畢捨胤遂相携出松

典座僧

拾得

閭丘胤

李褐

凡處釋來
化道

門隱身巖石間不見天台寒拾山胤返冷人尋于其侍僧云已乘虎遊五臺去經數年回天台剪髮齊眉衣一布裘跨虎入院衆僧驚畏師喝去唯與寒拾誦唱道歌人問其佛理止答以隨時二字未幾亦滅二人亦將遠去因遇悟玄傳以禪寂之旨相與北遊三吳毘陵道士李褐性褊急好凌人侮俗有貧士乞食褐不與加以叱責貧者唯唯去數日有乘白馬從六七人詣褐褐禮接之因問頗相記乎褐視之逡巡慙謝乃前貧士也復曰汝知有寒山子乎即吾是矣夫修生之道漸有其門除嗜去欲嗇神抱和所以無累也內抑其心外檢其身所以無過也先人後已知柔

言言藥石
字字金丹

【〇】王可交

守謙所以安身也。善推於人。不善歸諸身。所以積德也。功不在大。立之無怠。過不在小。去而不貳。所以積功也。然後內行充而外丹至。可冀道於髫髧耳。子之三壽未剪。以冠簪爲飾、可謂虎豹之鞟、而犬豕之質也。其隨行者曰。何足與較、語可徃東吳看有可交者、擁出跨馬而去、禍自是痛遲了。

（罵盡俗流。）

改其性蘇州崑山王可交爲人慈愍世業耕釣方數歲時、眼有五色光起夜則愈甚、（仙質、）立日身無影。合純陽也、至夜目有光。闔全陰焉、

此節仙蹤錯見、如棲巖之至瑤華、士則之遇張象、劉商得仙术、王鄘飲天醪、希眞之後值烏翁、睹仙之初遊桐柏、其間或詳或略、無不自然、而關笋合縫處、渾成一片暗於兄弟相見時、見信富貴靡常青春不再。下莚一慨化霧遊山、雅趣同于浴沂詠歸、回天抗跡。功德高于山中宰相、趙君眞妙品也、衛評、

〇二一上巳夜三泖棹歌〇二二重陽節鶴林花放

冥室中可鑒物或曰此疾也先盡則喪其目矣父母召庸醫艾灸之光乃絕年三十父卒移就母家松江南趙村去歲三月初三棹漁舟擊楫高歌入泖行數里一畫舫漾於中流有少年道士七人玉冠霞帔服色各異侍從十餘人總角黃衣各執樂器中一人叫可交名姓曰王三叔欲與汝相見方驚異不覺已舟傍於側一黃衣引上舫可交遍拜之七人共視一人曰好骨相合仙生於凡賤眉間已灸破矣未可與酒但不食十年方可得道一曰可與栗食之乃授以二枚青赤光如棗長二寸許有皮非人間狀肉脆

一袁從
王溷

雨甘如飴久方食盡令一黃衣引之上岸覓漁舟不見黃
衣曰不必但令合眼聞風聲浩浩頃刻至地開眼峰巒重
疊松栢參天坐於草間石上望見門樓有人出入俄有數
僧至相問可交具述僧訝曰今是九月九離家已半載此
是天台山瀑布寺去松江水陸千餘里僧邀歸設饌可交
言飽不喜聞食氣唯飲水衆僧以狀白縣縣達台州刺史
袁從疑其詐妄以聞廉訪使王溷溷素奉道召見可交儀
貌殊異歎曰眞仙人也又以同姓益敬之餙以道服遣人
至吳詰其實具言上巳日入湖不歸家人尋得漁舟以爲
墮水死已招魂葬訖溷以表聞詔曰

于琮
廣德公主
于濤

神仙之跡具載緗縑、靈異可稱、忽詳聽鑒、定非凡骨、此
在名山、今古不殊。蓬瀛何遠。委本道切加安卹、遂其棲遁、
可交遊息自如、後歸鄉里、奉母挈妻往四明山、路次遇八
位僧人、設酌餞別、可交遂與眷屬就坐歡飲、僧言分投往
五臺峨眉、良久散去、後二十餘年、可交復出明州賣藥沽
酒、得錢但施於人。言藥則壺公所授、
酒則餘杭阿母相傳、藥極去疾、酒甚醉人、里巷皆感王仙
人藥酒、道俗圖其像、有患瘧及邪魅者、懸於側即愈、又三
十年、却入
四明不出。相國于琮聞東南多仙靈、深羨之、妻廣德公主
帝
沃、動遵法度、事于氏宗親合禮、時諸主驕縱、韋保衡妬譖、
琮壬辰夏、貶為韶州刺史、琮有姪濤從行、途經平望驛、維
舟方食次、一吏自門而進、直抵廳側小閣子、驛吏疑為相

能者相公疑是輩中人皆不之問既及濤所濤問何人
曹老兒
對曰曹老兒問其所來曰郎君極有好官職必行不用憂
薛校書
濤方抱疾遽遣求神遂對衆揖其弟前秘書省薛校書
俱問其所能叟曰無能但請濡毫執筆隨語記錄可也濤
從之辭多隱語遂若讖者叙相國復歸因問薛如何叟
曰千里外還西則止雖非眞刺史亦作假郡守濤又問某
京中宅內事可以知否叟俛首良久曰京宅甚安今日堂
前有某夫人某尼賓客名字一一審識廊下有小童某與
芸香
一刁龜子馳戲皆書於綸上相顧笑語將昏瞑濤指薛之
姬芸香者曰此人何如叟曰極好三千里外亦得好官濤

李璋
王瑜

初隨事而書心志銳信、及聞此言、訝其跡誕、意亦中怠、時表弟杜孺休爲湖州刺史、寄箬下酒可五斗、因問叟頗好否、叟欣爲請、即授以銀盃、令自酌飲、酒盡、遂以盃枕、即而睡、蚊蚋方盛、無有近之者、及旦失叟、驚問莫知所向、邵曹休博士與夏侯信同遊江湖、常拯救人、後濤接閱家報、其所言皆驗、薛知表州軍務至閩、姬忽病卒山中、無棺、託材翁輟其壽器、裝漆金彩、亦得好官之言驗、保衡悍左丞李璋方嚴、譜出觀察宣歙、璋路由東都、聞濟源令王瑜辭官入道、慕其高致、於路亦適去。瑜夙志崇道、常誦黃庭經、每欲自爲註解而未了深奥之理、但日誦五六千遍、聞王屋小有洞天爲仙府、乃

無人之境而謹恪如此自應得度、谷神不列仙之即應

咽氣數月稍覺神旺、入王屋誓求至道、初行三二十里或寬廣明朗或幽暗泥黑捫壁俯行約經三五日忽坦然平濶峭崖倚空嵌室可坐數百人石床几案有古經一軸再拜曰下土賤臣形濁氣穢輒慕長生仰窺靈府是萬劫良會○今觀上天退跡玉案玄經未敢擅取願真仙鑒祐許塵目一披篇卷○叩祝良久忽一人坐案側曰緱氏仙裔志能好道名可列青簡矣吾東極真人王太虛也此黃庭寶經吾之所註今授汝復贈桃核二枚曰此桃食之白日飛行核磨飲之亦可延算二十年後再來茲山勉而勤之○言訖不復見瑜亦不敢久留携核與經而歸磨核服身輕顏少

大生十七刼

佛骨有何奇妙而如此專切

回 僖宗儼

二王溦

二王徹

口王氏女

將所註經本流傳徃見東都留守許官言來歲恰當刼運
大宜禳祥修德留守袁奏之時二十代師張子堅在都帝
命主教建金籙大醮九日以禳災禍子堅請歸龍虎賜金
帛還山率文武餞之師曰臣祖天師寄語有劍葬太白山
及一紀還吾癸巳年合元會之大生十七刼春正帝勅使
詣法門寺迎佛骨夏初至京諫老言憲宗迎尋宴駕帝曰
夙根西域乎
朕生得見之死無恨乃膜拜流涕迎入禁中秋七月帝疾
大漸遂崩壽三十一在位十四年少子儼即位僖宗賜路巖死徵還劉
瞻翰林學士王溦弟徹隨兄入都其女與嫡母裴生母劉
寓常州義興縣湖洑渚桂巖山之下與洞靈觀相近女幼

裴氏
劉氏

不飲酒茹葷工詞翰善琴誓志不嫁常持大洞三十九章及道德章句居室時有氣與衆香不同一日謂母曰洞宮召補仙官辭不獲免恐遠行耳忽有小疾母於觀修齋稍愈遂同詣洞靈眞像前焚香祈祝晚歸坐門右片石上題絕句云

跣水登山無足時諸仙頻下聽吟詩此心不戀居人世
唯見天邊雙鶴飛○

此夕奄然而終及明有二鶴栖於庭樹仙樂奏空遠近奔看葬桂巖下雙鶴飛翔棺如無物啟視唯衣舄及巖爲相以所居爲道院御弃改元乾符關東連年水旱州縣賦斂愈急百姓相

王仙芝

四黃巢

三馮徽

四薛玄同

聚爲盜、所在蠭起、濮人王仙芝攻陷濮曹等州宛句人黃巢（身長一丈黃面連眉駢二齒鼻三孔）屢舉進士不第、遂應仙芝橫行山東、中原震恐、河中少尹馮徽妻薛氏自號玄同、適徽二十年乃言素志好靜、稱疾獨處、誦黃庭經、壬辰秋夜有二青衣降光照庭、廡香風颯然、時殘暑方甚、而清涼虛爽、飄若洞中、二女告曰紫虛元君主領南方、下校文籍、命諸眞於六合內志道者、必降教之、子之善功地司累奏、簡在紫虛之府、即日將親降於此、玄同焚香以候、是年七月十四日、元君與羣眞侍女二十七人、降於其室、憩坐良久、示黃庭澄神存修之旨、賜九華丹一粒、八年後吞之、當遣玉女飈車、

鄭畋

曾元裕

林杝

迎汝於嵩嶽言訖便去玄同自是冥心靜神雖眞仙降呼光景燭空靈風異香雲璈天樂而徽若不知常加毀笑見中州荒亂上表稱病告退與玄同南投親故時緱仙姑在湖南玄同欲從之奈兵亂路隔乃僑居晉陵鄭畋初罷樞州刺史亦師事姑姑勉以忠義既而曰國家自此多難吾將歸隱九嶷遂去未幾詔畋節度鳳翔是夏招討使曾元裕破斬王仙芝餘衆推巢爲主號衝天大將軍兵略吳越屯揚子了山巳亥春高駢分道破之賜駢爵燕國公鎭揚州巢肬趨廣南初入閩聞處士林杝有道命其下訪得之欲使從巳杝曰我尚不屈於天子安能從賊巢怒斬之湧白膏數

劉德本

李氏女

劉巨容

道明

尺而無血州守眞養道與物無競遇任鍊師受道要年及百歲被害鄉人爲廟祀之後復有見於高蓋山巢在嶺南多罹瘴疫死其徒勸之北還議趨巴陵鄂州劉德本往來大江商販富於貲財始値歲飢散米數萬石活飢民（大功德）無數因避巢亂入廬山五老峯下有鹿裘道者來訪把臂入深磵一院景物奇麗謂曰詠眞洞天也以汝行善故能至此以酒一杯飲之命且暫去後可來居德本拜謝出不復思食後開吉州仙女峯李氏女飛昇復入匡廬巢北趨襄陽劉巨容大破之收餘衆東走轉掠饒信池宣歙杭等州睦州陳氏子幼從釋法名道明日織草屨鬻以養親及施行路者時巢兵犯境一郡洶洶明

辛讜　雲虔　南詔驃信　陳復休　從休善佯死是張果一派　胡做

戒勿憂爲大草屨令標之三十里外巢見之舍去常賜號悟空禪師嶺南餘寇未靖節度使辛讜恐流入南詔遣雲虔說以大義南詔驃信中天子之稱授木夾以爲信有陳復休者多變化自號七子貞元中來寓褒城樵採耕農與常無異如五十許人褒之好事少年常爲設酒食求學其術復休徐行羣少年奔追不及復入市衆復奉之不已復休與出郊外坐大樹下語道未竟忽暴卒須臾臭敗衆驚走及回仍在市常狂醉市中辛讜怒繫之獄桎梏甚嚴遂死壞爛蛆虫流出旋亦還家讜轉加禮敬爲築室於褒城江之南岸避與客無受者昌明令胡做師事之將赴調留錢五千爲其

廣明

石野猪

王俳優

應靖

鍾妣之傳

三劉幾

田令孜

市酒復休笑曰吾金玉甚多恨不能用耳以劝授放令劉
地不二三寸錢貨隨劉而出曰人間之物固若是矣但世
人賦分有定不合多取若吾用之寧有限約乎傲遂散錢
與貧人見世道已亂天子驕侈乃弃職隨遊庚子改元廣
明帝唯務遊戲寵優石野猪等賞賜無度綿竹王俳優有
大力遇宴陳百戲腰背一船中載十二人舞河傳一曲無
困乏態巢兵勢盛高駢告急詔責之駢稱風痺巢直逼河
南登封令應靖出禦敗績靖身殺而捍率軍民避入蜀地
遂棄官學道後遇葛仙引上緩山便能坐在立亡倏忽千
果隱其姓世謂靖棄官業乖枯中劉幾遇於
嵩山眼光如是冬巢陷東都復攻潼關宦官田令孜奉帝
猶二述所以

西走巢入長安稱大齊皇帝改元金統殺唐宗室無遺辛丑帝幸成都改元中和王鐸同平章事會稽處士孫位有道術兼愛書畫極精妙帝禮重之時隨駕至蜀偶於府之東門左壁畫天王部從鬼神筆勢靈怪、後善畫者皆不能及、三十餘年尚不磨滅巢衆寇鳳翔鄭畋擊敗之傳檄合討未幾畋抑鬱卒王鐸發憤請行壬寅春罷騈浙西節度周寶移鎮潤州馮徽寓晉陵去冬十月欲抵別墅舟至瀆口河濱有朱紫官吏戈甲武士序列若迎候狀舟人驚悸玄同命移舟及之吏上皆拜玄同曰未也猶在春中可且去遂散而隱焉至是二月玄同盥沐餌朮二仙女密降有三十六鶴翔集庭宇玄望前一日稱疾而卒、形質柔緩、額中有白光一點、良久化爲紫氣、沐浴之際、玄髮重生、立長數寸、十五夜、彩雲滿室、忽爾雷電、棺蓋飛於庭、失屍所在、惟存空衣舄、香淡旬不休、周寶表奏、行在、詔付史官、寶在鎮、敬禮殷天祥、又名道筌、自稱七七、遊行天下、不測其年壽、面光白、若四十許、寶於長安識之、嘗賣藥涇州、時靈臺蕃漢疫癘俱甚、得其藥入口即起、皆謂神聖、寶尋爲涇源節度、延之幕府、及移鎮浙西、復來賣藥、寶師敬益甚、七七每醉歌曰、

琴彈碧玉調、藥鍊白朱砂、觧醞頃刻酒、能開非時花、

寶試之、悉驗、其他種瓜釣魚、如葛仙者、不可勝數、鶴林寺

有杜鵑一株高丈餘每春末花開爛熳寺僧傳言貞元中有外國僧自天竺來以藥養其根於盆中至此種之（花根得藥且茂）後漸繁盛構飾花院鏁閉時或窺見三女子紅裳艷麗共遊樹下蓋花神也花欲開時節使令探報分數及初放則與賓僚繼日賞玩其後一城士女四方皆載酒樂遊連春入夏殆無虛日寶謂七七曰重九將近師能使開鶴林之花以副此日否七七曰可也乃前二日往寺宿爲中夜紅裳女子來謂曰道者欲開此花耶妾爲上玄所命下司此花在人間已逾百年將歸閬苑今爲道者開之非道者無以感妾也晨起寺僧訝花拆蘂及九日爛熳如春聞於寶咸就遊賞

薛朗
劉浩

數日後、花俄不見、亦無落英、後七七偶赴官僚宴會、賓主欣接、有佐酒優倡甚輕侮之、七七乃白主人、請以二栗爲令、皆喜、必有戲術資於歡笑、乃以栗巡行、接者都聞異香唯笑、七七二妓作石綴於鼻、掣拽不落、但言穢氣不可當起而狂舞、花鈿委地、相次悲啼、粉黛交下、優伶輩亦一時起舞、鼓樂皆自作聲、頗合節奏、曲止而舞不已、一席絶倒、久之、主人祈謝、石落、復爲栗、嗅之仍香、花鈿粉黛畧無所損、又嘗撮土畫地、狀山川形勢、折茅聚蟻、變成城市、人有曾經行處見之、謂歷歷皆似、但少狹耳、後薛朗劉浩亂寶奔杭州、七七在甘露寺被衆推落北崖、謂墜江死矣、有人至江西、見在彼、是賣藥、復十餘年、乃入蜀、鶴林爲兵火所焚、樹失根株、

好聽
好看
真好笑

朱温　王重榮　李克用　花鵲

秋、王鐸以諸道兵進逼長安。巢勢日促、朱温舉華州降、巢將
鐸表為同華節度、詔賜名全忠。河中留後王重榮言鴈門李克
用子、國昌兵強、有拘國志、鐸以墨勅召之。未幾、晉公鐸罷、鐸惜
於永寧里第別構書齋、每退朝獨處。一日將入齋、唯所愛
卑脚犬花鵲從、既啟扉、連吠啣鐸衣、却行。叱去復至。入閤
仰吠轉急。鐸疑之、外物猝至、靈者先知、

函關西度、爰開釋教之宗。道派雖分。根株則一。後世學
人不究源頭、各立門戶。深為障礙。故寒山於此改裝談
道。以省世之執見者。
當曹魏極盛時、而曹氏夏侯氏俱有出世之久。要知熱
鬧場中原可抽身擺脫、
獨取兩女子為標目、蓋以鬚眉丈夫、往往不能立志自
修、而二女俱處宦室、乃能棄絕繁華、潛修至道、脫履登
眞、以云羨之、則誠羨之也。

新刻陳眉公先生評訂神仙鑑三集卷之十八

新安融陽亦史程毓奇續

鳳翔尚絅一貞王太素贊

包山抉樓原本

○○隱威炎幸入仙鄉　○○沉浩陵喜分丹酒

○李龜壽

乃拔匣中千金劍按膝上向空祝曰若有異類陰物可出見吾乃丈夫豈懾於鼠輩耶欻有一物自梁墜地乃人也衣短後衣色貌黝瘦再拜惟曰死罪譯止之且詢其來對曰李龜壽盧龍塞人或遺厚賄令不利於公爲靈犬驚覺形不能匿若捨龜壽罪願以餘生事公譯慰留之明旦有

龜壽妻

婦人至門服裝單急曳履而抱嬰請於閽曰幸爲我呼

王重盈

嘉話錄之

李龜壽出出視乃妻也婦曰訝君稍遲昨夜半自薊來尋蓋善步者半夜行可千里及曙覓龜壽與妻子亡去花鵲亦失後有見其俱在平盧者處先是王重盈鎮河中有王紫芝者字仙居紫極宮自云瀛氏人常遊京洛耆老見之五十年狀貌恒如四十許重盈待之厚聞其嗜酒月以三樽餉之間日仙翁出遇一樵者荷擔於宮門顏貌非常因市其薪厚償其值樵者得金亦不讓而去紫芝潛躡伺之樵者徑趨酒肆盡飲他日復來紫芝謂曰知子好酒吾有中令所餉醇醪償子薪價可乎曰可乃飲之數盃謂紫芝曰是酒嘉矣然不及鮮縣石氏之醞余適彼來以無侶不果盡於斯酌紫

芝因祈曰石氏芳醪可能致否樵者頷之時方擁爐令取丹筆書符置火烟未絕一小豎立於前勑之曰爾領尊師之僕挈此二榼但往石家取酒吾待與師一醉時既昏夜門已扃紫豎謂芝僕曰可閉目因搭其頭不覺已及解縣携酒而還遂共傾焉其甘醇郁烈非世所傳紫芝請其姓氏曰余漢末杜契遊行欲度有道爾既遇真師而何淹滯塵濁也紫芝曰昔遇謝修通云是東園公弟子授余養氣之術謂塵滓未盡十年後方可於九嶷相尋授以道要今已及期將往探求也杜曰余飲已醉召一客以伴子飲書一朱符置火上瞬息一人來堂堂美髯眉拖紫秉簡揖而

李存孝

崔堯封

巢之眞
子

[illegible]引爛爛然二壺且竭樵者燒一鐵筋授之云可去紫衣
尋揖樵者曰識向來人否天明可造訶瀆廟視之紫芝
遂別因過廟見夜來飲者乃神像耳鐵筋宛然未幾往九
巖尋師爲修道引去重盈卒重榮爲留後亦好招致異人
龜壽挈婦子攜夫歸之癸卯春克用與重榮合兵進與巢
戰李存孝克用養子三戰皆捷克復長安甲辰夏存孝索戰巢
夢騎而尾牛出陣軍人解曰牛二尾朱字也未可出巢不
聽出敗走狼虎谷自刎春初有謁興元刺史崔堯封自云
太白山人言掘破牛山賊自敗滅欲訪問後不見崔遂發
卒掘之得一石桶中有黃腰獸一頭劍一口獸開目見劍

光啟

楊復恭

司徒鐵

李球

劉謙

自撲死崔表聞其異帝問太白山何神有言漢武曾衣仇
眞人於此帝遣使致祭羣臣因奉天師張諶之言帝令賫
神劍還龍虎加封祖天師爲三天扶教大法師諶謂使曰
黃獸既除朱悭將作奈何是秋詔克用爵隴西郡王乙巳
改元光啟帝還京克用重榮表請誅田令孜丙午春令孜
刼駕幸寶雞薦楊復恭爲中尉利州進士司徒鐵寇亂未
得謁禰寓居河東請見克用曰王勿以車駕播遷爲念寺
人不久淨盡願王上終守臣即後能君主天下克用禮爲
上賓鐵曾遇友人李球見其顏貌復壯甚異之球本燕人
寶曆二年與其友劉謙遊五臺山有風穴遊人稍或喧呼

及拔物觸擊即大風震發拔樹揚沙故登山之人互相戒勅球至穴口故投一巨石於穴中以試之良久石聲方絶果有奔風迅發有一木如柱隨風而上球性軒悍無所顧忌遂力拔其木却牽入穴球為木所載俱墜至底有一人形如獅子而人語引入洞齋內二道人奕碁見球問所修之道球默不能對二仙責引者曰至道之要當擇有骨相之士習道之人汝何妄引凡庸入吾仙府郎速遣去因遺一杯水令飲謂曰汝踐吾真境將亦有少道分矣所恨素不習道但去苟有希仕出世之志他日可復來也飲此神漿亦延年壽球拜謝訖引者將至向來洞側示以引路向

神寶太帝 玄內芝

此道家紫府洞也五峯皆籍四海奇寶鎮頂亦如茅山洞鎮以安息金釜墉城之寶蓉山雜王環水香瓊以固上真之宅此山東峰有離岳火球西峰有麗農瑶室南峰有洞光珠樹北峰有玉澗瓊芝中峰有自明之金環光之壁每積陰將散以暑將雨即衆寶交光照灼巖嶺春曉秋旦則九色之氣燭天神寶太帝命韓司少卿衆東方君期與紫府王先生賜仙臺郎侯道華姓李名內玄統大千仙僚神王力士鎮此神府洞有三門一徑西通崑崙一出北巖下一向來風穴洞之端門也皆有龍蛇守之先生勅曰有巨石投於洞門中吾柱者世間將有得道者受事於此即使

洞中如見
異物以藥
蛇張口指
而伏

李森

我引進善即後秦姚泓向居衡山學道以宿功所蔭投託

獅王得遵命守洞三百年後亦當超昇適聞投石車柱不

知子以為戲然數百年來投者甚少亦未嘗中桂仙宮不

易一至子將有得於玄妙之津矣此有北巖之徑可使子

捷達人間因於衣帶解藥三丸貫一橋枝之末謂球曰路

側如見異物以藥指之不敢為害食之無病球持行於洞

中黑處藥有光如火數有巨蛇張口向球指之伏而不動

遂至洞門外有枯樹半朽埋塞球摧壞土朽樹久方得出

劉謙失球其子森方訴劉害父將訟於官既見球還皆喜

詢其由球述所以以藥與劉及子各服一丸司徒鐵前見

◎鄭南海

球年六十、鬚髮斑白、今已九十餘、反覺少健、請其故、球爲言所遇、鐵歎無道緣、有修性理、劉謙長慶中進士、寓汝州紫邏山、雖喜神仙靈境、奈用匱力困、表兄鄭南海爲牧梁宋、欲往求振、偶行諸藥肆、既至、有樵叟、倚擔於壁、就坐於側、主人連叱曰、此有官客、何忽唐突、劉斂衽起謂曰、某閑人也、樵叟所來、或要藥物、有急難懇請、不可於去、復揖坐、問所欲、叟曰、請一幅紙及筆硯耳、劉取肆中紙筆授之、叟揮毫自若、書畢、以授劉、

承欲往梁宋、梁宋災方熏、旦夕爲人訟、承欲訪鄭生、鄭生濟有厄、郎爲千里客、藥亦變衫色、紫邏樵叟

狂希道書、

劉[illegible]之驚異筆勢遒逸超逾常倫讀際失叟所在月餘聞
鄭爲人所訟黜官千里外劉即於紫邏葺居物色求訪不
復見叟嘗錄其書繼遇球同遊得嘗仙藥益算駐顏及與
犯闕與球父子避入王屋精思至道丁未琥令孜於端州

十李茂貞

車駕塗鳳翔軍士燒行營作亂李茂貞討平之詔爲鳳翔

△李用之

節度時高駢信術士李用之妖惑不理政事爲部將楊行

十楊行密

密拘死并殺用之衆推行密爲淮南留後戊申改元文德△

文德

帝還長安隨駕有會稽孫位台州杜光庭在蜀有陳復休

•杜光庭

爾朱洞杜昇等陰爲保護光庭號東瀛子博學好道得張湛之

爾朱洞

傳懿宗時與鄭雲叟賦萬言不中遂遊於三輔諸山註解

杜昇

鄭雲叟

老子混元記、帝知爲道門領袖、詔封廣成先生、至是隱青城不返、高駢鎮蜀時、復休至成都、駢甚敬禮、嘗於巴南太守筵中、爲酒妓所侮、復休笑視其面、鬚長三尺、妓泣訴於守、爲之祈謝、乃咒酒一盃使飲、鬚漸退、入乙巳、帝還京、復休亦至闕下、令政識之、問後京國幾年安寧、曰二十 至梁受禪 乘二、及再幸陳倉、復衛駕徙、多在西縣三泉褒斜駐足歲

十年、後復見其在蜀、最善道士爾朱洞 字通

餘、卒於家、葬南山下、於長安、

微爾朱

榮族弟

高歡破榮於韓陵、洞遂逃世學道、號歸元子、隱蓬

普菴

山、遇普菴大師、受靜定之道、師 姓余、袁之 宜春人、 常住慈化寺、讀華嚴經豁悟、能知未來事、皆稱其爲菩薩、久有梵咒、能 凡 眷心枯邪、

六

有營作必懇問凶吉、一日作偈而逝、洞後賣藥於蜀、逆旅主人每夕怪其屋有聲、潛窺之、其身自榻而升、觸梁而止、洞又歎事杜可雲謂是老仙、每遇必詣酒肆醉飲、可雲名昇、自言京兆杜陵人、不食常飲酒三斗、顏色悅澤、鬢大方巾冬夏常着綠布衫、高談文學、有與換新巾衫、出門逢人即與、好於水盥及盆內沙書龍字、浮而左右轉、或叱之則飛起、隱隱若在雲霧、作小龍形、呼之復下、仍字也、不就人求錢人自與之、得錢既多、召人穿擔行散、與貧者及酒家、卧雪中而三日人謂僵斃、看則徐起抖擻氣出如蒸、杜悰鎮蜀禮重之、及悰子孫孺休自湖州遷蘇州刺史、昇遊行吳市、出遇延拜呼為宗翁實係訝之孺休曰先君日與昇語書齋令纔十餘歲今五十餘共顏貌如前眞道德士也乃留郡齋問道昇曰但以政化及人慈愛為意況今多事尤在保身未能脫屣世塵委家林野宜遠於兵傷道術詎可問也郡人與以錢帛阻讓不可出域便散施孺休實屬聚飲有倡和者昇失口成文屬辭深遠多神仙旨趣人無能綴者每云李世尚豐去奢返本後軍亂孺休果被兵傷死人亦見昇被殺就視但衫一領作三四段所破有見其入江西市醉吟沙書如故又一年人於湖南見之話蘇之事微笑

鄧去奢衢州能丘人家九峰山下好道精思忘疲年三十餘居處州松陽縣安和觀北五里有卯山張天師葉法善曾於此修學去奢慕前

事登山巔結菴而居後觀中道士相率居民為搆殿堂設
老君天師像法善靜能眞彭朝夕焚禮東南有方石濶二
丈餘平若砥去奢常坐其上拱默靜想一日感神人謂曰
天師有斬邪劍二口并瓶置丹藥在此石下可取之去奢
謝曰此石天設非人力可加自惟荒謬守眞而已丹劍詎
可輒取神门但勤修無怠自可立致後三年神以劍丹送
至劍竇七星丹藏石匣瓶貯藥斗餘如麻子去奢自服及
施有疾人皆愈龐水縣犨造因中和荒亂後擁土人據巖
險朝廷議欲息兵乃授以刺史而造凶暴聞去奢有神授
以兵圍其山奪其丹劍而囚鎖於空室方炎熱一月不與

之水、造謂已死、及開室神色儼然、造驚異、仍送歸去、一夜風雷、失丹劍所在、去奢山居、不食十五年、常見龍虎異鳥、行於庭際、觀中道士多寓山頂、曉夜見龍光虎跡、咸懷驚恐、或纔其山、冬春則猛獸來驚、夏秋則毒蛇所螫、去奢言每雷雨、只在半山、有雲龍雷公雷母神鬼甚衆到此相見、有禮、有道士夜開去奢靜室、若有人語、竊窺紅紫輝耀帷間、異香珮聲、平旦見有戴遠遊冠、絳服碧綃衣、螺髻垂髮、男女四人對坐、侍從皆玉童玉女、光明照身、復有神人遠立於側、道士不敢驚觸、但偏外展拜、明日去奢謂曰、恐當離此山、不長相見也、後數日、彩雲鸞鶴、聲樂然揚山頂、後

有[illegible]官[illegible]騎龍鹿或騎鸞鳳迎共奢昇天顧衆人
曰[illegible]自[illegible]持兵戈方乱惟此吳越有福神蔭庇可以安居
鄉道勿負夫意也雲擁而去道俗無不聽禮非車駕還長

昭宗曄　龍紀　大順　王建　補道蔽敎

安有疾楊復恭立壽王傑爲太弟更名曄帝崩、在位十五年、壽二十七、
曄即位昭宗已丑改元龍紀朱全忠進爵東平郡王庚戌改
元大順全忠請討克用言終爲國患兵圍澤州李存孝大
破汴軍[illegible]永平節度王建數令孜罪不可赦引兵攻成
都久不下建約城破日盡屠之爾朱洞在城施庸作法籠
攝之建軍見神人乘黑雲叱曰敢害吾民者禍及汝建等
怖伏後克成都止殺令孜洞嘗賣丹藥於市每粒要錢十

二漁人

景福

錢鏐

二萬太守欲買之洞曰太守金多非百二十萬不可太守怒命納竹龍沉於江至涪陵上流二漁人舉網出之見洞曰此必異人入定扣銅缶觴之洞開目問曰此去銅梁幾何漁人曰我白石江人已去四百里自是而東耶鄷都縣乎都山仙桃觀也洞曰吾師謂吾遇三都白石浮水乃仙去殆此地耶語二漁曰視子類有道者亦有所傳乎漁曰昔從海上仙人得三一之旨煉陽修陰亦有年矣洞索酒與之劇飲取丹分餌同至荔枝園昇雲而去是冬詔建節度西川壬子改元景福癸丑秋詔楊行密爲淮南節度錢鏐爲鎮海節度鏐字具美臨安人少販私鹽隸董昌平王郢亂周

九

董昌

主郭

閭丘方遠

寶表爲杭州刺史更築杭城周七十里江岸時爲潮衝坍
鏐選精卒各持勁弩候潮至金鼓齊鳴萬弩俱發潮若有
知不敢衝城工易竣昌作亂稱帝鏐諫不聽遂討之昌敗
死吏民表請詔鏐節度鎮海時越中有一道者複姓閭丘
名方遠字大方舒州宿松人恒常心是道遠大志爲方
紫芝僅得延年術未通大道故杜葬來策之召河神伴
飲勝于葉張之以酒榼爲戲
五臺風穴相傳爲不可觸李球故投巨石風木起且攀
而墜性本狂潑孰知竟由入道
僖宗值黃巢兇亂奸黨擅權致奔走顛沛可云苦矣諸
仙陰爲翼衛得還宮晏駕亦藉聖祖之蔭耳
鄧子誠求靜悟不敢急取劍丹而行瀞功深神欽暴服
終膺帝召鸞鶴來迎何殊水到渠成紙緣去奢從儉
閭丘訪道諸山繼許葛文舉之踪於大滌高風逸致已
逍遙雲漢之上矣營營朝市又何能邀其青睞哉

〇〇〇師道尋真留南嶽　〔子〕景外遊孝訪嵩山

陳元悟幼辯慧年十六學易於廬山陳元晤二十九問太丹於香

左元澤林左元澤後師事仙都山隱真巖劉處靜學修真出世子

劉處靜十四受法籙於天台玉霄宮葉藏質才守一行氣之殿

葉藏質篤好子史群書每披閱一覽不遺常言稚川貞白吾之師

友也銓太平經為三十篇備盡樞要聲名播江淮間至是

居餘杭之大滌洞繆葺其道德觀往禮謁葺宇以安之

列行業以表之常遣使往徵方遠以天文推尋秦地將欲

荊榛唐祚必當華易併之綺園竟不赴召乃降詔褒異就

頒命服俾耀玄風賜號妙有大師玄同先生闡揚聖化啟

第二節　一

夏隱言
戴隱虞
鄭隱瑤
陸隱周
盛隱林
章隱之
陳紫霄
聶師道
胡謙光
孔宗魯
于德誨
㊂于方外
六子皆以隱爲名數勿用也

蔡象眛。眞靈事跡頌聞吳楚學者二百餘人會稽夏隱言、
譙國戴隱虞、滎陽鄭隱瑤、吳郡陸隱周、廣陵盛隱林、武都
章隱之、皆傳道要而升堂奧者也。廣平陳紫霄應召於秦
宮、新安聶師道行教於吳國、安定胡謙光、魯國孔宗魯十
人、皆受思眞鍊神妙旨、其餘不可勝記。師道字通微、性聰
悟、直言行、謙謹、養親以孝聞。于德誨從省郎出牧新安之
二年、其從弟方外、棄妻子入道、周遊五嶽、至是來訪德
誨、乃於郡之東山選勝地、搆室宇以居、目爲問政山房、產大
第鬻藪、堪師道辛勤、師事十餘年、唯傳法籙。辭遊南嶽、招
衆作供、
仙觀、入洞靈源、聞蔡眞人舊隱處不遠、樵者時或見之、師

道辟穀七日晨起獨趨山中漸深花有異香入溪旁見一樵臨水坐沙上師道驟欲親之乃起負薪將行回問何往應曰聞蔡眞人隱此願一禮謁耳樵者曰蔡君所居極深不可到師道曰攀蘿登崖已及於此有山通行豈憚遠乎樵曰日將暮矣且行過山之東有人家可宿遽入水甚淺而渡師道欲隨之亦入水深而急不敢涉樵曰爾五十年後方得過此溪師道目送其去乃回山東行十餘里遥望草舍兩三間籬落雞犬漸近一人似農者年可三十獨居見而訝問師道求宿其人曰家累俱出何爲主人又問此來欲何之曰尋蔡眞人居問路見一樵人否曰見曰此即

蔡道者師道禮祝曰凡愚不識仙聖亦命也引入舍令近火爐坐曰山中偶食盡求米未歸師道曰絕穀多時見火側有湯鼎復有數黃甆合主人曰合內物皆堪食任意取揭一合是茶以湯潑之師道取飲氣味異於常茶更欲飲揭之不可開遍揭諸合皆不能啟主人別屋睡師道宿於外至明主人謂曰孤寂之處忽病無以相待前村有人家可往問也乃行至前懸崖險無路回求向宿處亦不復得（隱現不測）遂行別逕三十餘里逢一老人邀坐石上問入山意具以前事對老人曰昨所宿處即蔡谷子也爾道氣甚濃仙骨未就入山飢渴何能却回俄折一草令食形如薑苗長尺

餘嚼之甘菓、取泉飲吹、舉頭失翁所在、師道悲憤、覺食茶
草根、氣力輕健、回視山路、荊棘蔽塞、却回招仙觀、衆道士
驚異曰、此地雖壁嶽而蟲獸甚多、人罕能獨行、何忽去月
餘、日夕憂望、師道曰、昨去始經一宿、備言所逢、衆歎曰、吾
輩知有蔡仙、無能一見、君遂得見其父子、誠宿有仙緣者、
聞彭真人亦隱此、老人者、豈非彭君乎、師道深自歎異、居
歲餘、回問政山、偶入山採薪劚藥、路逢虎豹、皆弭耳搖尾、
師道撫呼之、起而隨行、政薪藥附其背、送歸而去、師道聞
閭丘方遠道德日隆、辭親復往、親問遊學所益、具陳向事、
親喜曰、汝以孝養我、以道資我、亦幸爲汝父母矣、師道重

往大滌求道方遠曰君吾友也何敢屈爲弟子他日自有
明師居數月謂曰因緣仍在南嶽宜往就之師道辭別行
次聞梅眞人蕭侍郎隱玉笥山即至清虛觀思慕遺躅三
遊郁木坑堅心前至最深處一人布衣烏巾荔裳麻屩顏
若五十許自稱行者問師道何適以尋梅蕭對行者曰爾
精勤慕道情亦非易宿業甚淨應玉籍有名雖未得飛昇
亦當度世我謝修通也本居南嶽與彭蔡同隱已數百年
適奉東華命主玉笥地仙兼掌清虛觀境土社令爾與我
素有道緣故得相見然梅蕭月內爲小有天王所召恐未
便還師道聞是蔡彭儔侶虔拜曰凡世俗人不期獲見道

王潮

乾寧

興之

君實百生之幸修通出一卷與之曰此素書但習之無怠自得眞旨如未通我弟子紫芝在九疑山往彼見之當得通曉或不見但投此書於毛如溪上洞中仍以我傳語之意題於石壁自得見也今回倏不見師道至清虛觀視之皆說龜山毋理化張仙秘言眞訣間有疑義莫能究乃往九嶷湘眞觀尋問紫芝之人言溪上有一隱士師道往尋數次不見遂投書題石後果夢一人稱紫芝教以道要疑滯盡釋經歲餘復還問政修脊圖二蔡彭謝自編遇道之異傳於道俗侍郎王潮初宿於毛如溪上一人自稱紫芝謂曰君之後當王東南是冬潮爲福建觀察使甲寅改元乾

王行瑜　韓建　錢若愚　揚雲外

學乙卯。三鎮稱兵犯闕、李茂貞王行瑜韓建刼遷乘輿、克用大舉蕃漢兵討之、行瑜伏誅、請駕還京、詔進克用爵晉王、進士錢若愚因國家顛越、遂屏居不仕。清修訪道、雲安縣漢城宮道士揚雲外、常以酒自晦、而行止異常、若愚居處近、心異之。一日齋沐詣其山觀、宿於道宮。翼日虔誠斂袵而白曰、師丈、小子凡陋、切慕神仙事、果不虛乎。楊曰、豈得虛哉、我即是也。若示以飛空躡虛、履水蹈火、即有千萬人就我、不亦煩褻乎。因騰躍冉冉昇空、良久而下、若愚再拜。楊曰、我

◎譚峭　◎董凝陽

向與譚峭、董凝陽同師、宋世向待金丹之秘久矣。因仙籙有期、故潛待於此。若愚遂繫心師事。國子司業譚洙之子

峭字景升頗涉經史凍訓以進士爲業峭迴好黃老諸子周穆漢武列仙內傳靡不精究△告父出遊終南、父以近京許之、自此遍歷遊、不復歸。父馳書責之、覆謝曰、茅君昔爲人子、亦辭父學仙、今峭慕冀有得。父母以其心堅難拘以世事、聽其所適、峭乃師嵩山道士、得辟穀養氣、惟飲酒爲樂、醉騰騰周遊、或謂風狂、後與遼人董凝陽遇士白先生授大道△夏則服烏裘、冬則綠布衫、卧雪中經日、氣出蒸然、父念之、每令家僮尋訪、寄以衣及錢帛、峭復書遣還、旋以衣出街市與貧者、錢帛寄於酒家、或問之、曰、何能看得盜竊留之累人。不衣不食固無礙也。常欣欣行吟曰、

[illegible]

線作長江扇作天㪷鞋拋向海東邊蓬萊信道無多路
只在譚生拄杖前

作一小結

後與施觀吾馬自然楊雲外共居南嶽鍊丹既成服之入
水不濡蹈火不灼能隱形變化自然先朝玉京施譚入青
城面壁雲外隱跡雲棠溥[illegible]若愚忽自歎曰朝綱倒置
國祚將終不可久居矣遂與若愚相繼蛻化是歲克用擊

小 劉仁恭

劉仁恭敗回　時存孝已譖死其母少與姊偕出遊見古墓
石人有感而孕臨產見一大人入曰吾阮翁
仲當寓此乃生一兒父母謂無夫而孕遂於外獨居無子
數齡勇力神異樵牧爲朱母引偶經墓前見石人爲人推
倒因指謂子曰此汝父也子乃扶而安之遂姓安名景思
母死葬於石人之右克用出獵見牧兒打虎收爲養子曰

安景思

李存孝破巢復成都除元帥化秋九月錢鏐兆取蘇州南
唐皆其功也

元化

馬大仙

三姑

抵閩界處州青田縣民馬家女得仙有司聞於鎮使言焉
女既嫁家貧養姑尤謹遇異人授以術往來備織富室出
家百里有羹不食以箬笠浮還家薦於姑姑識其笠知為
婦所遺遂取食頃曰言之人始知其不凡呼為馬大仙繆
給錢帛養其姑未幾姑亡馬亦無疾而卒鄰人見之於野
曰隨師歸蓬萊也向沐錢王恩養願忠慎毋怠當保其後

夫

大邑鄰人歸述其夫繆聞之貢輸不匱中尉劉季述等幽

劉季述

帝於少陽院矯詔立太子裕幸西元旦崔胤計斬季述迎

太子裕

帝復位改元天復茂貞入朝賜爵岐王叔駕幸鳳翔壬戌

崔胤

胤泣請全忠兵至鳳翔茂貞敗癸亥帝還長安胤與全忠

天復

吳王楊行密

越王錢鏐

王從玘

大誅宦官所在盡殺之全忠進爵梁王楊行密爵吳王錢
鏐爵越王王建爵蜀王初建節制邛蜀黎雅宦者王從玘
爲監軍判官及建克蜀罷鎮爲郡從玘栖寓蜀中十餘年
食貧好善不常厥居於邛市遇一叟睨視曰將有大厄濱
於死探懷中小瓢與丹砂十四粒曰餌此旬日而鬚生可
以免難勿爲怪也從玘服三五日鬚果生月餘有詔捜捕
或勸其遁去答曰君父命豈可逃哉俛首就縶太守哀而可敬
請於建建特乞宥之視其鬚長尺許遂入山訪道府全忠

朱友諒

見篡奪之志亂欲圖之甲子全忠令子友諒殺亂請上遷

天祐

洛陽改元天祐使蔣玄暉弑帝於椒殿三十八歲在位十六年立帝

將空蟬 哀宗祝 遇聖道居福地者當鑑省

第九子祝帝昭宣全忠聞錢鏐兵强欲以牽帷南軍勢封爲

吳王閭丘方遠已於天復二年二月十四日沐浴焚香端

拱而坐謂弟子曰四方戰爭地惟此爲福鄉爾等勤行修

鍊若理有未明可至廣陵問聶師道其所受彭蔡眞傳更

高於我也俟日亭午而化容顏怡暢屈伸自如異香芬馥

三日不散弟子棺殮時舉之但有空衣遂葬其衣冠於太

滌洞旁白鹿山道俗於仙都山及廬山見之言我捨大滌歸隱灊山天柱源也吳王鏐遣

使祀之命高足弟子主其故居道院楊行密聞師道之名

冀其道德護蔭軍民迎居玄元宮常自至談道深加敬信

每升壇祈恩禱福雨暘立應天地感動烟雲呈祥人情感

依道化揚王稱爲逍遥大師問政先生爲國之師弟子從
遊者日衆年船乘以勝之乙丑全忠仍爲天祐二年殺裕

柳璨

等九人昭宗子五月彗長竟天占者謂君臣俱災柳璨譖殺

司空圖

朝士三十餘人前禮部員外郎司空圖素官居虞鄉王官
谷昭宗屢徵不起柳璨以詔徵之圖懼入朝陽爲衰野墮笏失儀
璨復下詔曰養高釣名匪惠難居公正之朝可放還
山圖退居中條作三詔堂休休亭謂量才揣分耄而聵三宜休也預爲壽
藏故人來訪引入壙賦詩對酌出遊則布衣鳩杖以女家

鸞臺

人鸞臺自隨歲時村社必往藍醉而歸嘗作詩曰
昨日流鶯今日蟬起來又是夕陽天六龍飛轡常相窘

何太后　梁太祖　朱晃　開平　全昱　孫供奉

更怱乘危自着鞭

王重榮求作碑記贈絹千疋圖置之市門令人任取一日都盡世稱其曠達全忠加九錫或譖玄暉栁璨與何太后合謀全忠乃弑太后而殺蔣栁丁卯下詔禪位於梁全忠稱帝、更名晃爲梁太祖、改元開平、尋弑昭宣、唐亡、共二十一帝二百八十九年、梁主與宗室飲博晃全昱曰朱三本碭山一民從黃巢爲盗天子用爲四鎭富貴極矣奈何一旦滅唐社稷他日得無滅吾族乎遂獨居不復入朝昭宗養有弄猴隨班起居賜以緋袍號孫供奉及晃簒位猴見之躍前奮擊晃命撲之猴遂縁柱登殿屋不見唐臣立朝者大愧時河東鳳翔淮南

楚王馬殷　南海王劉隱　閩王審知　荊南高季昌　陸龜蒙　皮日休　羅隱　梁震

西川猶奉唐正朔、武安節度馬殷據潭州、梁以爲楚王、清海節度劉隱據廣州、梁以爲南海王、時福建王朝卒、梁以其弟審知爲威武節度、以荊南留後高季昌爲節度、以錢鏐爲吳越王、唐室舊臣哲士、紛紛隱去、樂志林泉、長興陸龜蒙僦居淞江之甫里、號天隨子、累乃不出、前後皆樹杞菊以供杯案、有松陵集、皮日休、羅隱輩唱和、日休襄陽人、以詩文著、爲蘇州從事、退隱鹿門山、自稱酒民、羅隱爲吳越判官字昭諫、矢口成篇、說錢王討梁、雖不能用、鏐心義之、進士梁震欲歸蜀、過江陵、高季昌欲奏爲判官、震恥之、乃曰、素不慕榮宦、何以白衣侍樽俎、可也、終身止稱前進士、季昌呼

蜀 武成△ 契丹阿保機 建國 晉王存勗 十周德威 楊渥 楊隆演 鄒德匡 王處訥 楊匡翼 汪用貞 程守 杜會 景霄 王可儒

爲先鋒、戊辰蜀王建稱帝、建元武成、契丹阿保機於去年始稱
建國元年△爲遼太祖、凡五國五鎭、是歲春正、晉王克用薨、子存
勗立、梁攻潞州、存勗帥周德威破之、淮南使至晉請爲藩
勢、行密薨、子渥改稱弘農郡王、爲下所弑、立其弟隆演、仍
稱吳王、聶師道有弟子鄒德匡王處訥楊匡翼汪用貞程
守杜會景霄王可儒崔繹然、崇眞錄起遐吳知古皆得
妙理、傳上清法籙、散於諸州府、襲眞風而行化、秦吳荆齊
燕梁閩蜀之士、咸慕道而至、師道謂曰、我無道術、何遠來
若此、皆曰、昔張師居蜀、天下人悉往從、執奴使之役、大而
不去者、方得傳授、今悉是枯骨子孫、日逼朽腐、思避短景、口

崔綽然
杜崇眞
鄭起遐
吳英知古

希獲長生願、無却也、師道接衆以慈、不少阻違、隨其性識、
示之以道、若久行霧露、餘潤漬衣服、羅沉檀輕香襲體、居
廣陵幾三十年、有弟子五百餘人、而師道胎息已久、大丹
有成、知楊氏將徽、集衆曰、爲仙山所召、必須去矣、頃之衆
香盈室、雲鶴近庭、還瞻九霄上、來往五雲車、
求道之篤、如師道可云至矣、所以南嶽諸眞以次相挨
卒授以道、同雲源夙有因緣、自不必言、
仙史曰、親在、誠不可遠離、果能超度玄關、方稱大孝、誰
怨不得眞正工夫、徒教破孽障、斷爲彼懆悞我以育
引育嗟嗟、誰予具具慧眼者乎
從現盡命、馬氏孝姑、即是修煉良方、所以俱得仙道
富貴人本有根器、雖人爵以修天爵、於繹道乎何有、海
蟾祖門兵百萬、祿入萬鍾、棄之絕無繫戀、眞大手段人
今之家徒四壁、斗筲不給者、猶自戀看甚麼、哈哈

燕王劉守光
梁乾化
蜀永平
回楊太虛
〇〇劉操

〇〇〇海蟾子棄職修仙
〇〇伊用昌題名示世
若真靈下集、爽然言別而化、弟子瘞之、後數日有於豫章見其隨一鬈角童
多泊舊遊宮觀、半年後長沙人來所見亦然、復言
歸洞靈源去、樵言五十年後、過此溪、適足驗矣、梁以王
審知為閩王、以盧龍節度劉守光為燕王、辛未、梁改元乾化、蜀改元永平、
眉州有司奏蟇頤山、楊太虛仙去、乃爾朱先生弟子、修
鍊於此、正月初七日、遂得昇仙、蜀主命祀之、山在州城東、自象耳山連
峯壁立、盤薄蹲踞、形類蝦蟇、上有淘丹泉龍洞、其後每歲人日、出東郊、渡玻瓈江、遊蟇頤、士女畢集、以為勝事、是
秋、劉守光稱燕帝、其相劉操逸去、操字宗成、燕山人、以明經擢甲
第、為盧龍司馬、累遷為相、平昔好談性命、欽崇黃老有道
者正陽子來謁、操邀坐堂上、正陽為演清淨無為之宗、既

覺索雞卵十枚金錢十文以一錢問一卵高壘之操歎異
曰危哉正陽曰相公更危於此別去操頓悟見守光僭妄
諫之不聽遂託疾解印去作詩曰
抛離火宅三千口。屏去門兵百萬家。
一二 海蟾子改名玄英道號海蟾子遍遊訪道後遇呂祖授金液還丹之要。乃遁跡修真得成
仙道遊行塵市遠泝秦川陶真於太華之前洇形於幽州
高神 青城之下拜晤李珍多交遊爾朱洞收錄門人極多
四 馮道 叅軍馮道敬事劉相常愛其教棄燕奔晉即以為掌記壬
申晉伐燕梁主救之大敗憋憤成疾其子友珪弒晃自立
一 朱友珪 友貞晃第三子起兵討賊癸酉友珪自殺友貞立更名瑱為末帝高季
乙 朱友瑱 昌交通吳蜀梁冊為渤海王季昌禮請聶師道高足為佐

熊皦

遣僧署二徒以稚教造攻守之具國遂強富移鎮江陵伊用昌自蓬島宴回、仍於江淮駐足、與師道默契、人呼為仙風子師道語弟子曰此眞仙也都疑而未信補闕熊皦言六七歲時常項患癰癤、痛不可忍伊含三口水噀之、遂瘥不瘢、故知其異江南有芒草採之織屨緣地土卑濕此草奈水貧民都着之用昌至茶陵縣門大題云、

茶陵一道好長街、兩畔栽柳不栽槐夜間不聞更漏鼓、

只聽椎芒織草鞋、

時縣官及胥吏大為不可遭衆人歐逐出界其妻曰常言小處不要覆窠江南呼輕薄之詞為覆窠而君須要覆窠之譬如騎惡

丁鎮將
劉廉使

馬落馬足穿鐙非理傷墮一等不用者之夫婦至撫州南城縣界村民莊一犢丐得牛肉一二十斤於鄉校內烹炙一夕俱食盡至明夫妻為肉脹俱死縣鎮吏民以蘆蓆裹屍於縣南路左百步掘瘞之其鎮將姓丁向為江西劉廉使親隨曾以酒飲伊偶得替歸家忽於北市棚下見伊同妻唱詞乞錢舊叙猶事執丁手上酒樓共飲數斗丁大醉而睢伊索筆題樓壁

此生生在此生先何事從玄不復玄已在淮南雞犬後
而今便到玉皇前

夫妻偈唱出城渡江至建昌觀真君殿後題云

許碏

日月交吞瑞氣連。應儂家作大神仙。筆頭灑起風雷[illegible]。歛下驅馳造化權。更與華夷添禮樂。永教南北絕烽烟。列仙功業只如此。直上清第一天。定億兆恒沙軍國主赤龍神王伊
連臂入西山、復一人後至、笑語移時、曰、眞仙自應天仙同去、三人躡虛而上、丁將於酒樓醉醒、懷內得紫金一十兩、後開其墓、惟蘆席灸爛牛肉一大堆耳、許碏高陽人舉進士不第、晚學道王屋、周遊五嶽名洞、經兩京汴宋、復自荊襄。抵江淮、霍童、茅山、仙都、委羽、天台、四明、武夷、羅浮、無不歷遍、到處皆於峭壁人不及處題云、許碏自峨眉山尋偃月子到此。觀筆蹤者、莫不歎異、莫詳偃月爲誰、有道者擬曰、

一李嗣源
梁貞明
契丹

古仙胡剛子別號用昌見其題處指謂人曰偃月爐中有真種子道家有偃月冠蓋尊敬之也　猜既遊廬江醉吟曰

閬苑花前是醉鄉踏翻王母九霞觴羣仙拍手稱輕薄

一謫向人間作酒狂

好事者詰之曰我天仙也方在崑崙就宴失儀見謫人皆笑為風狂（俗眼皆然）當春日挿花滿頭把花作舞於市上醉歌忽曰

伊真仙去在蓬萊知晉王是須彌樂長今將同往觀其行止遂昇雲飛去是秋晉河東總管李嗣源（克用養子）伐燕擒守光斬之乙亥春（梁改元貞明）丙子春契丹阿保機稱帝（以述律氏為后改元神冊）畧取燕地晉命周德威鎮幽州更約吳蜀合兵攻梁

述律后
補冊
蜀通政
布袋和尚
白鹿和尚

蜀改元通政乙亥。梁通使吳越、鏐素識天命、不妄與師、丁丑三月、明州岳林寺有布袋和尚坐脫、鏐命賫香帛祭之、和尚不言姓氏、形裁腲脮、蹙額皤腹、寢臥隨處、常以杖荷一布袋凡供身之具悉貯袋中、號長汀子、布袋師、卧雪不沾、示人吉凶、應期無忒。天將雨、即着濕草鞋、亢旱即曳木屐、居民以此為驗、有一僧過師前、師拊其背、僧回顧、師曰乞我一文、僧曰、道得即與、師將袋放下、叉手而立、僧不會、師大笑去（放得下）白鹿和尚問如何是佛法大意、師放袋叉手、又問莫更有向上事否、師乃負之而去（任得重）。嘗有偈云、一鉢千家飯。孤身萬里遊。靑目覩人少。問路白雲頭。

至是於岳林寺東廊下、端坐磐石而說偈曰、
彌勒眞彌勒、分身千百億。時時示世人、世人自不識。
偈畢安然而逝。時人始悟爲彌勒佛化身也。寺僧造塔頂
禮、後桑維翰奉使契丹、見一僧提布袋、曰、此爲氣母、常從旺處遊行。契丹圍幽州、李嗣源
救之、大敗契丹。晉王性孝。雖經營河北、數還省母。凡軍府
㊃張承業 政事、一委張承業、故唐宦官饋餉不乏。梁以王彥章爲北面招
十王彥章 討使、以拒晉。梁主疏忌宗室、邊事日危。吳王隆演聞梁晉
十徐溫 得失、乃愼於用人。以丞相徐溫之子知誥輔政、本唐恭謙後、
十徐知誥 寬儉。士民翕然。以宋齊丘爲謀主、國以富庶。初譚景升道
丄宋齊丘 成、於終南著笠天化書百有十篇、其言亞於關尹子。分道

術德仁食儉爲六化深合老子之旨書成因遊三茅經歷建康見齊丘雖溺機智而異於貴埃挏人遂與之遊引書語曰雅子弄影不知爲影所弄狂夫侮象不知爲象所侮化家化國者不知爲家爲國所化醉者負醉疥者療疥其勢彌頗其病彌篤也齊丘終不悟景升出化書授之曰是書之化其化無窮願子序之流於後世齊丘欲害之而擴其書於是扑殺而去齊丘得書探其義以爲治國之要知誥深服其論遂名齊丘化書吳王始建國改元武義爲吳宣王地連廣川壤有長江封馬當爲上水府立廟山陽采石爲中水府立廟磯下金山爲下水府廟在寺內三廟呼額立應歲時祭祀

蜀主王宗衍　乾德　南漢劉巖　乾亨　孟知祥　郭崇韜　石敬塘　劉知遠　吳王楊溥　順義　梁龍德　後唐莊宗　同光　段凝　妖道

是秋，蜀主建殂，子宗衍立，改元乾德。南海王劉巖隱弱稱越帝，建元乾亨。尋改號漢。是冬，晉王自將伐梁，德威父子戰死，李從珂繼之，梁兵大敗。己卯，孟知祥薦郭崇韜有智畧，寵待日隆。契丹主雅重文士，作孔子廟，親臨謁拜。沙陀石敬塘、劉知遠，石勒、劉曜之後，投為部下，見行止有異，忌之。二人附晉。庚辰，吳隆演殂，子溥立，改元順義。約蜀勸晉稱帝。辛巳春，梁改元龍德。魏州僧得傳國璽，獻於晉王。諸將佐藩鎮勸進，張承業極諫，乃止。承業卒，癸未夏，晉王即帝位，國號唐，建元同光。後唐莊宗。梁以段凝代彥章，宿將憤怨，多奔降唐，期以冬閒大舉會蜀擊梁。蜀主奢縱無度，日與狎客遊宴。時有道士能幻術於

知遇微術李氏欲爲臥於醮李翁覘蜂螫其九乳知必大貴遂妻以女翁覘其手挾侍嬪之使守本圃常年有怪奔人言半精怪出與知遠鬪怪敗潛入地知遠掘地得刃上有字云室刀室刀付與劉知遠二十年後再還功勞蓋項羽劍頭之劍知遠因後改名暠

戍都謗引寓室及勳貴子弟皆潛隨之於幽僻院中瀝飲焚香設掃陳帷獨於室內作法神仙皆應召而至或與杯饌寢處生人無異則令學者隙窺歡笑既罷即自簾帷前躡空而去又化出金樓滿城若狂從者甚衆蜀主密令捕捉累月不獲有人報已出笮橋門因令齋猪狗血追逐至青城路不見山頭有三道者拍掌招呼追者仰視無徑可達三叉遂謂曰汝所追道士在巖下可擒之乃搜索巖下隱處見樹根有坎微露衣角視之果在狀甚皺悚以穢血沃之擒送下獄拷訊云𢱢民間少女處子住山中行術死於巖穴者甚多在天寶時逃死至此適為三仙法禁故耳

曰張遠霄

曰芳雨道人

不吝手財。即是道器。

靈臺可味

問此何人曰杜光庭張遠霄芳雨道人也蜀主命殺於市光庭隱青城與眉山遠霄友善有老人持竹弓一鐵彈三求質錢三百千張無靳色老人曰吾彈能辟疫癘宜(寳)用之遠霄熟視其目各有兩瞳子甚異之試挾彈治灾立應久之往白鶴山垂釣西湖峰上有一叟曰吾四目翁也不記授弓彈耶遂相從學道(即陸修靜)後於邛州擊鷹寓州治北崇真觀後樓人謂挾仙樓近因芳雨內養胎息故來松藩訪之芳雨亦張姓少習儒晚好道徧訪無所遇忽自悟曰道在靈臺方寸間歸而求之有餘師矣遯跡於雪欄山竟日危坐寧功調息壽二百歲內丹已成杜張奔望適過幻

李雲卿　皇甫麟　唐梁報復　敬新磨　劉后

術道人因指獲之。陌謂曰：唐主既滅大梁，古梁亦將不免。亂邦焉可居乎。乃連袂東遊至豫章，有李雲卿善醫，以濟人為心，千里求療者如市。甲申秋八月，三仙邀往吳越，里人咸見其白晝昇去。冬十月，唐主伐梁，用郭崇韜謀，與嗣源合擒彥章，斬之。彥章壽張人，少以力自雄，用鐵篙駕船截渡，遇存孝擒而縱之，遯跡山野。存孝沒，復出為梁將。唐主欲降之，卒不屈。唐兵長驅入汴，段凝迎降。梁主令皇甫麟斷首，麟亦自殺。在位十一年，三十六歲。後梁二主共十七年。吳蜀懼，遣使來賀。唐主幼善音律，或自傅粉墨，與優人敬新磨共戲於庭。還都於洛。乙酉，立劉氏為后。聞蜀沉湎宴佚，命崇韜伐之。蜀王衍出降。詔孟知祥為節度。吳越貢獻不絕，鏐暇遊臨安之山峰

鶴衣道人　馬氏二女　杜建徽　閩王延翰　郭從謙

有石如鏡。仞時照之。冠冕儼如王者。心竊自喜。及是稱石鏡將軍。以錦覆山之木石。號衣錦將軍。召故老宴樂。有言

處州鳳凰山白雲巖桃花洞。忽來鶴衣道人。自云姓徐。日醉山下。夜則歸洞。為里婦所辱。哭紙成鶴。跨之飛去百丈山。又有馬氏二女飛昇。據常鏡臺遺跡尚存。時羅隱在座曰。此石擬宅。自古有之。但能學者少耳。新城麗江初有二白氣亙江上。及羅隱杜建徽生。二氣不復見。識者謂文武秀氣云。是冬閩王審知卒。其子延翰稱威武留後。錢王欲討之。隱曰。四方多亂。當靜觀其變。可保永定耳。丙戌夏。唐郭從謙作亂。唐主中流矢殂。嗣源入洛陽。殯莊宗屍。在位三年

明宗李亶　天成　吳越寶正　吳仁璧　吳女　契丹天顯　契丹主德光　劉信

壽三年請即位為明宗改元天成鏐聞唐大亂始建元寶
十五　史名亶　正延翰自稱大閩國王
越人吳仁璧天復中登進士甚貧困間曾佯狂乞食於市
其女年十八少能詩兼明文象陰陽之學謂父曰邇歲制
閩吳越皆主國喪大人慎出入恐罹羅網是年錢王母喪
聞仁璧名命譔母墓銘不從遂被繫女泣曰文星失位大
人其不免乎鏐沉仁璧於東小江女亦自投而歿鏐歎悔
命祀之契丹主億改元天顯殂於扶餘次子德光立為太宗時吳
王溥強盛始稱帝號吳稱王先是徐溫使劉信討虔州賊久不
星有評退留欲象本信献[illegible][illegible]溫與[illegible]信斂骰子厲聲祝
劉信[illegible]為惡彩苟無二心當成渾花一擲六赤信有

[illegible]一大塚開棺有白氣沖天見一白鬚老人如生白羅衣如新墓中非常香氣僉獨視棺蓋上有粉微作硫黃氣素聞棺中硫黃爲藥即以衣襟掬取懷之別無他物掩塞而去既至嘗皆驚云何得有此異香僉該水服之盡城彼人僧舍偶言之僧曰此當人之遠祖也相傳好道與人救餌硫黃云數盡當死後三百年墓當開是解化之期今正三百年矣因與復視惟空衣如蟬蛻狀僉爲清海軍小將年七十餘雖形體枯瘦輕健如

少溪燕載

故唐韓熙載不得重任閒徐逐卒遂奔吳取相印與不撤

周玄豹

塘見相者周玄豹謂熙載是蔡澤者流謂散塘乃季龍之

漢大有 荊南高從誨 吳太和 唐長興 楚王馬希聲 汪台符 素女 螺女 碧嫦 陳摶 青衣媼

亞玄豹晉陽人得徐太極傳嘗相唐帝當大貴至是召爲光祿大夫厚賜金帛令歸戊子爲大有年(漢主巖改元大有)荊南高季興卒子從誨代之己丑(吳改元太和)秋又爲大有庚寅唐改元長興楚王殷殂子希聲嗣辛卯吳宋齊丘請歸洪州葬父因隱九華山徐知誥遣子敦諭始還除右僕射歙人汪台符上書陳利病齊丘嫉其才誘至痛飲推石城蜩蜋磯下台符沉醉水底有人扶之云我水師也向居福州高蓋山遇素女螺女得配禍水碧嫦昨遇謂子故知而援子引見汝祖火師於南海也遂携去(後得家傳遺法)高士陳摶(字圖南號扶搖)子亳州真源人生四五歲不能言戲渦水濱有青衣媼引置懷中

乳之即能言、敏悟過人、及長經史一覽無遺、尚志不干祿、以山水為樂、常曰向所學、但足記姓名而已、吾將遊太山、與安期黃石輩論出世法、安能與世肩差、汨沒出入生死輪廻之間哉、痛離世法、曲盡人倫。

伊仙玩世已久、歷睹興衰、人民遭厄、共不忍之心、蓋戚戚然動矣。值此五代之世、亂離顛沛、益又甚焉、故共許有興禮樂、靖烽烟之語、自宜應運而降、以從其願、許睹以崑崙謫降之事實告於人、反疑而不信、景升以修眞體道之書、欲化齊丘、反忌而嫉之、俗人之謗眞為假、以恩為怨者。大率如此、為之一慨。

世所圖張仙、或疑為無是公、而不知有遠霄也、三百年易竹弓鐵彈、非俗人所能、故卒以得道

齊丘始嫉景升、繼嫉台符、毒如蜂蠆、宜有及身之禍、

圖南乳于水仙、應是龍種、故得五龍蟄法而成道、其解宮女之詩、讀之如嚼冰雪

回孫君仿

摶初師麻衣學相喻以冬深而來摶如期至華山石室麻衣向火發丹書剖古秘度與之於是知骨格為一世之鑑林氣色定

○○南唐與獨推正統　○○○廣野會成仰文明

父母沒乃盡散家財惟携一石鐺入泰華遇海蟾子受道要逢麻衣子擁爐對坐以鐵筯畫灰成字默授玄機教以相法邂逅道士孫君仿謂武當九室巖可居君有徒孫後能踐蹤此山君光大張摶遂往辟穀服氣日飲數杯清泉歷二十餘年忽夜見金人持劍呼曰子道成矣明日有五老人來聽講易謂摶曰吾輩日月池中龍也此非君所棲令閉目御風而行頃至華山各授以蟄法而去摶居山之雲臺觀梁唐士大夫挹其清風得識其面如覩景星慶雲而摶皆莫與交帝以禮召至長揖不拜帝賜宮女三人摶

行年之夜啓兵、　吳越王錢元瓘　錢元璙　楚王馬希範　龍啓　閔帝從厚　應順

賦詩謝曰、
雪爲肌體玉爲腮。多謝君王送得來。處士不興巫峽夢。（情洗心脾）
空煩雲雨下陽臺。
帝深重之、尋遜去。壬長春唐初刻九經版印賣、（孝經論語孟子毛詩）△（尚書周易禮記春秋左氏傳。）△吳越王錢鏐殂、（年八十一、諡武肅、）仲子元瓘嗣、長子元璙不樂居位、鎮居吳城、有金谷園自娛、（南園東墅、皆其遺蹟）秋楚王希聲殂、弟希範立。冬、閩王延翰加癸巳春、弟延鈞稱帝、（是元龍啓、）仲冬、唐明宗崩、（在位八年、壽六十七、）宋王從厚立、（閔帝）甲午、改元應順。△以潞王從珂節度河東、（明宗養子、本姓王、）嘗與敬塘在太原、入趙襄子廟、神像起立。二人私心自喜、今忽有是、謂疑懼、乃

廢帝從珂 清泰 蜀主孟知祥 明德 吳王楊寬 天祚 閩王昶 王保義女

整旅而東唐主出奔自經從珂即位廢帝改元清泰敬塘鎮晉陽
不得已入朝時久病羸瘠乃得遣歸蜀將吏勸孟知祥稱
帝建元明德是秋殂其子昶立乙未吳主殂子寬立改元天祚進封
知誥爲齊王閩王延鈞改元永和殂子昶嗣荊南高從誨以經
史自娛省刑薄賦梁震固請退居爲築室於土洲震披鶴
氅稱荊臺隱士每跨黃犢至聽事從誨時至其家饋遺甚
厚行軍司馬王保義有女生即不食葷血五歲能誦黃庭
及長夢渡水登山見金銀宮闕云是方丈山女仙數十中
一人曰麻姑結爲姊妹授琵琶數曲自是數夜一遇歲餘
得百許曲其聲有獨指商以一指彈一曲後麻姑曰妹可還方

彭曉　長公主　桑維翰　後晉石敬瑭　天福　後唐亡南　应起顶針　絳府　南唐李昇

丈月日庭有雲鶴仙樂女奄然而化從誨歎羨開蜀祠部
員外郎彭曉兼職修道使人邀迎不至曉本姓程自號貞一
子遇維陽真君授丹訣註叅同契至閭宅修煉道成能長
嘯為鸞鳳聲隱青城深處每曰中原腥羶不欲遠行也丙
申春正唐千春節長公主上壽畢遽辭歸居主醉曰欲與
石郎反邪敬瑭懼都押衙劉知遠勸舉兵掌書記桑維翰
請稱臣於契丹且事以父禮契丹主將兵至冊敬塘為晉
皇帝改元天福唐將迎戰皆敗契丹割地而還唐主自焚死後
四年丙
十三年丁酉晉遷都於汴吳主寬柔弱禪位於齊知誥稱
帝改元升元國號唐姓李更名昇南唐烈祖復尊寬為讓皇以齊丘為相劍

升元 陳陶 遼 會同 蜀 廣政 閩王曦 永隆 吳越王 弘佐 南漢 劉玢 天光 景延廣 晉出帝 重貴 賀自眞

湞陳陶雅以經世自負聞相齊丘歎曰非其時矣遂隱而
不出是歲契丹改國號遼改元會同戊戌蜀始改廣政閩王昶其
叔延羲自稱閩國王更名曦明年改元永隆辛丑吳越王元瓘殂謚文
穆子弘佐立壬寅漢主龑殂子玢立改元天光六月晉王殂立
齊王重貴兄子敬儒出帝癸卯景延廣告哀於遼稱孫不稱臣晉
王好黃老聞嵩山賀自眞沖舉遣使致祭自眞文學高古
叡修精勤莫知其甲子一日雲鶴音樂忽飛昇云處士陳
陶在東都親覩洛城人仰望拜禮陶驚歎為作詩曰
子晉鸞飛古洛川金桃再熟賀郎仙三清樂奏嵩丘下
五色雲屯御苑前朱頂舞翻迎絳節青鬟歌對駐香軒

南唐元宗李璟 保大　殷主延政 天德　南漢劉晟 乾和

誰能白晝相悲泣。太極光陰幾萬年。

因傳誦於吳唐主明察然惑於方士喜說長生、及聞賀道士上昇於春正虔餌方士靈丹、浸成躁急疽發於背召長子璟謂曰吾餌金石始欲益壽乃更傷生汝宜戒之遂殂、璟立（為元宗改元保大）閩富沙王延政稱殷帝於建州（改元天德）未幾、閩王曦為下所弑延政統治之漢主玢殂弟弘熙立顧留（中宗改元乾和）其尚書黃損退朝忽遁去（字益之連州人）慷慨仗義。少與維翰齊丘善同遊五老峯下、一叟長嘯而至謂桑曰子與日作相然而狡狡則不得其死謂宗曰子亦作相然忍忍不得其死、獨與損曰子有道氣可以出世而於人間富貴亦無不得及長各在一方損爲南漢僕射每念叟言心存至道超然遐遊匡廬久之叟復來曰吾張氳也子能不感於利欲而寘跡林藪授以丹訣損煉三十二年道成復歸故里物是人非不勝感歎有惟有門前鑑湖水春風不改舊時波句齊丘樹黨傾人唐主溥之乞歸九華舊隱陳陶遊歷嵩華已得服炁調神歸隱西山聞齊丘罷歸不能自撿歎曰恐其終不免也。郡守嚴譔遣妓蓮花試陶竟夕不納以詩遣之云。

近來詩思清於水。老去風情薄似雲。已向昇天得門戶。錦衾深愧卓文君。

陶復欲北遊聞桑景致寇晉水旱蝗災疊見遂不果行時官括民穀督責嚴急皆竄匿遠山樵獵苟活有飢民三五

三劉俊

開運

廣野會

輩挾弓矢入白鹿山捕獵値羣鹿駭走分路格之一人見鹿入兩崖間纔可通人隨逐十餘里懈而欲返忽聽鷄犬鳴吠更入二三里則豁然開曠城市櫛比閭井繁盛徐行市中問人曰大成都也不宜久住仙官若歸於子恐不便問仙官爲誰曰隸於峨眉皇人隨赴北極會也二人退出密誌歸路以告太守劉俊俊後往失其舊徑時甲辰歲晉改元開運水精大帝曾於方諸會上與羣眞有爲乃遣玄夷使者邀請諸上高眞木公又命値月仙曹傳示勝區福境畧帶侍從一二高弟偕赴廣野大會先帶九子衆眞飛輦至中奎光金霞萬道茅濮涓子前導須彌官吏簇擁前來

文武俱脩
展雄
自强
進德
按諸臺職明倉載文

有頃赤精金母俱至黃老見母所領不是瑤池仙女因詢之母曰歷代貞姬節婦烈女孝娥向為衆女真招集逍遙宮合作地仙者但女子之行易於湮沒欲求文筆作傳使流芳仙籍故命女徒黃景華統率以往齊曰表揚芳烈可云盛典遠望一派雍和之氣籠罩廣野山頭早有兩籌弟子伺候全身甲冑色溫貌恭一是伍員曾遊學聖門在三千弟子之列已為潮神督話文種兼淵特來服勞一是展雄至聖恐其出世仍為害氣故招之守山二子擊金鐘傳報又有二弟子一名自强生於互鄉一號進德産於闕黨昔為童子今已老成進內敎知至聖出至山前所服冕旒黼黻玉珮叮咚後列四聖十哲冠裳劍珮趨蹌磬折迎入行禮遜坐金母

筮遊河陽保波此雨蛟爽舟子羽幻吾可以義求不句以威劫遂操劍斬蛟報壁於河示無怯意牽路滅留績而生故好勇善進二子焉往而不前抑為非公事不至國其兼人而選之耶

命景華領珠幀謁遂言所懇水精曰丘所願也景華呈上册籍共五十五名行事倫載水精閲過即付諸弟子加讃歎茶畢金鍾連響傳奏諸眞齊到當有端木子顓孫子公西華言子游卜子夏冉子求玄端章甫同爲儐相出宮寅客斂次而入衆眞仰瞻宮牆萬仞龍門上大書集英宮程邈書所扉釘銀鋪户施丹漆宮門内文石砌成甬道兩傍楷模森立合抱參天和風拂拂瑞靄融融約半里方至殿陛左右酋龍蹲踞如獅能識惡人懸扁額曰大成殿儐者止於陛衆眞進殿水精離座相迎參見畢命坐獻茶太乙首啟師尊弟子庭芝無功深爲負疚今與西城王君尊天台王君林公彩西城常須舉

仙冊籍命別平權理天台五嶽君相會議將自來忠義孝悌逸士文人
精靈不泯未經轉生受報應歸仙道者命諸徒所在蒐羅
約得三百人同登聖域欲求類入玉笈俾靈明有託鬱結
之氣化爲陽和矣水精曰顯幽表滯共返陽明可消兵刑
可弭疾癘此祐民之要道太乙眞救苦天尊也諸尊稱善
斯時上天衆聖未至諸眞請暫遊廣野以瞻文明之象有
七十二大弟子相陪下殿從左側過去一殿嵬峩扁曰明
德殿是夫子講道處轉右一殿更覺軒爽扁曰會同三千高弟及諸子之門人
月朔咸集觀禮向後內宮寢殿聖父母眷屬安養之所往前左禮門而出則
六爲總筆然後分敘
樓榭亭臺依山傍嶺近澗因岡崇阿低嶼曲徑深林非常

扶餘國產美玉赤邑照千步置室中不復煖續北方地寒非此玉不可然夫子溫良黍谷回春也何陋之有

雅致正南一閣為齋心、居中靜理身心閣之下、為習禮堂後學於焉演習
堂側有談經洞、几案皆石、夫子嘗說經於此自洞而上為鳴鳳岡、
朝陽初上、羽儀鳴瑞、一帶碧梧直至岡下、為梧院、更前為
竹亭、四圍綠筠、凌漢亭右為桃蹊、花開爛熳、不啻十里明
霞、接壤為李嶼、樹植參差、洵是千枝玉蕋、環而更右清溪
一道、掬飲可滌塵襟、名洗心溪、上長堤拂天、高柳為聽鸝
處、堤盡西南、則杏林在望、粉膩紅嬌、北上為梅嶺、恍行香
雪叢、絳雲隊嶺之下寓西面為桂苑、苑之傍為菊畦、二種世號秋英、而此則花
蕋連綿隨謝隨開、即桃李諸花四時常放、故枝頭花實並茂、過此則濤聲盈耳、松陰滿
堦、有軒可憩、曰松鶴軒、喬松上鶴衣玄裳、飛鳴自適、松林

司守之天、欲極要點、

後、爲遊藝亭、羣弟子遣興適情之地、亭前有洗硯池、池水亦緇數武

外山勢漸高、因而成之、爲琴臺、夫子有時鼓琴於此、臺之側有講堂、

徒輩常集講論、堂外仄徑而北轉北、有劍榭、或豪氣未除者、於斯舞劍以洩雄心、有射圃

如叟相環堵以觀、圃側爲日新泉、溫而且冽、若暮春浴沂之致、下流爲蓮

塘、紅妝翠蓋、香遠益清、自北而芹溪、而藝墅、百果草木芳

芬馥郁、墅後曠然一覽者、爲麟囿、其中文豹、斑彪、角端、白

澤、騶虞、獬豸、麋鹿、麐獐、百獸成若山、東西、之左則有書樓紙尙

墨莊筆塢、樓貯宇宙秘書、鐵帙牙棟、掌之者則二酉也、紙

以蔡倫監造、蟲莊捏塑主之、筆塢蒙恬居守、有樂府一所、

凡古樂器、皆藏於此、掌以師摯、更有禮庫、收古之禮器、司

第四節 七

者伯禽山之前後左右悉是書寮諸弟子居之羣眞遊覽一週復至山前義路恰值天尊駕到遂齊入朝參分班侍坐太上問曰頃遊樂乎太乙等對曰向以南洲化度久未至此不意山㝡一新如斯盡美宛丘曰河洛肇啟文明僅得其大槩至於夫子精微畢究誠萬代之宗師也本山制度酌古斟今華而不靡中和之道即此可見水精遂曰究本窮源不出太上未尊之化有老君曰繼述之功更難於剏始後學當體之為妙孔氏諸子上啟設宴會同殿水精邀往登席上六席是三清玉帝斗父母其次玄帝三元三皇太乙雷尊文昌廣壽鎮元左席亦於祝融為首洞天福

地名山勝境諸真其下新進忠良等衆右席是玄母女媧
及黃景華列女等孔門宮眷相陪五老朝上主席下坐七
十子孟子與孔氏諸孫童子送酒進饌匏樽斟無味之玄
酒土簋盛不和之太羹水精舉杯曰非敢簡褻因此味不
設久矣暫以為獻亦猶行古之道也玄酒三行嘉餚薦至
異果雜陳撤去古器設瑚璉簠簋鼎彝之屬玉琖金卮滿
引瓊漿玉液浮丘笑曰所謂聖之時者也水精莞爾曰諸
子處於四方故得攜來則我固不足以讌嘉賓也黃老曰
發明
吾等太虛為體豈為飲食今叨盛欵特以飽至德耳第恐
吾等以先天之氣運行化育又得諸真後先誕降裁成輔

栢而道君至聖親臨整頓維植人心使崇衆生同履正道豈知世風遞降邪正混淆不特出世大道壞於術士而治世之道盡成虛妄人心汨沒天理靡存良可深痛今唐運已終五行餘氣雜沓相乘吾山優孟輩曾於天寶時享李唐寵貴故復投足太原奮志滅梁以報恩晏居天位張矢爲殃伊用昌有心救世雖已降於天水而倫常忠孝孰能繼至聖之蹤使理學昌明爲盛朝翼輔乎水精曰向者諸徒常降世謀道第時明時熄或著於一方而不能普遍或宜於士庶而不及朝廷位不足以顯道僅得傳之著述將使鯉也洗之伋也繼之顏曾閔冉之徒與凡有志行道

一念好勝
致獲罪于
天
韓子高歐
陽人來歷

若聽共隨時出世務期互相師友闡發中和使危微精一
之傳誠意正心之學滂流洋溢也舉座稱善諸子有慨然
任道之意宰我念夫子每刻責於我今若下世必要獨顯
（伏青苗諸法）
才猷復還古治事功炳煥駕夫子而上之斯時還山足以
（伏賢泰欣）
貌心齋之友淩三省之參矣文昌啟玉帝曰文章經濟本
自相兼但有才華而無經術奚益於世盍使三台魁斗下
生以繼韓子（昌黎）之風庶文行並優實道學之一助也玉帝允
之俟歸闕施行伯魚子思向各座送酒南宮公治亦出席
傳杯殿陛兩旁奏古樂舞文舞衆員暢飲良久方欲言別
水精命游夏將列女冊籍悉加讚語二子承命去復謂羣

第四節

九

眞曰仙佛事蹟雖史傳代作然而影響模糊未克詳明今
將彙集諸山實錄總歸林屋洞天命靈威守掌俟山中遷
固出時好爲作史章本諸賢有名心未了夙願未償俱可
待時而出若倦遊塵俗絕意馳驅者不妨留此來者不拒去者不追
史斷曰襄子之後曾爲天將爲常遇劉曜則獻劍遇濬
晉則像立非特蓋地主而示兆亦見其謙尊而
劉漢斷續若蟬李唐不絕如縷而家之後勿視爲窮歸
以齊丘之妖嬈繼韓之邪汚較諸費損何啻雲泥張老
之言誠爲永鑑
世謂詩遺隱花爲圖南事而不知爲陷讀此始知傳訛
廣野記鋪敘處筆花燦爛安放頓挫非自然非身歷
其境者不能道隻字令閱者恒作數月想
曾同殿一席話直該大宋三百年事蹟眞絕大文字子
晉展雄守門互鄉闕黨傳命端木六藝爲儐遊夏二子
作贊果是隨才器使

後人續
○○南極翁少林訪趙、○後周祖孔廟拜師
修實於
聲眞向下席傳諭聞聖主降生、將開文運、務意氣飛颺、唯
於此、
孝弟隱逸之流、樂叙天倫、不歆勢利、願依門下、隨倩官吏
錄定、

孝弟

漢
劉平姜肱顏烏歐寶羅威姜詩朴孝孟宗黃香李充彭
修周磐蔡順薛包毛義王修江革王裒許武

晉
劉殷王祥王覽顏含吳隱之
何琦夏孝先許孜李密劉驎之

南北朝
劉瓛劉璡樂頤阮孝緒

唐
韓思復崔邠崔郾崔鄲
劉子翼張公藝

漢
皐伯通梁鴻孟光包咸徐稺李弘任安袁閎張仲蔚李
業龐德公荀靖向長胡昭高鳳黃憲許劭鄭長倩詡
羊仲求仲周黨郭泰孫期韓固管寧邴原逢萌法眞王
君公王符張芝閔貢田何王良薛方鄭玄徐偉任棠
姜
岐

南北朝
何點何胤范元琰程敃劉歊之劉訏甄彬陸衣
徐伯貞兄弟四人韋夐明僧紹魏愷李謐

第五節

唐

何蔴王貞曰董正張志成殷洪古田游巖元結顔况秦
系區冊尹珍李季芳△武甄甄濟韓準裴政張叔明陶沔

斯時游夏將列女贊上呈諸聖覽之

共姜
衛世子共伯妻、
惟彼栢丹、齊姜之貞、以居仙苑、用將德馨

衛夫人
齊女、嫁衛、未入而君卒、或勸還、不聽、入衛服喪
身○于歸之吉、所天斯失、失志不移、大節以旌。

伯姬
魯女、宋共公夫人、失火、傅母不至、不走避、遺焚死上
暮夜失火、守禮而死、皎皎乎、宋公之室、魯宜之子、

樂羊子室
殺丘入、盜欲犯之、抗義死節、
勉夫以義、勵夫以學、非義而死、節行既卓

鮑女宗
宋鮑蘇妻、夫娶外室、事姑愈謹、宋公表曰女宗。
夫也德涼、情移外室、事姑益謹、斯爲女宗之則

息夫人
韓憑室、宋王偃奪之、作詩自誓、投臺死
投臺拒紫、千載流芳、神生連理、義感鴛鴦

節乳母
秦破魏、殺諸公子、母冊其一、秦獲之、遂同死
不利千金、不逃重辟、存孤不遂、以死殉國

梁高行
夫死、梁王欲聘之、割鼻以自免、王旌之曰高行
有美一人、夫死獨處、王欲聘之、割鼻自矢。

趙姬 晉文公女、趙衰妻、衰先娶叔隗於狄、姬迎歸、遜[illegible]室、〇貴而不驕、甘心自遜、益顯其賢、令名莫並、

女娟 津吏女、趙簡子欲殺其父、娟請俟醒、乃免之、遂聘為夫人、〇背脫父罪、義感君心、匪媒不嫁、禮義斯均、

季敬姜 莒女、公父文伯母、守己以勤、勉子以義、何以贊之、子曰知禮、

貞姜 楚昭王夫人、王出、留居漸臺、召不以符、乃不行、遂淹死、〇守君之約、水至不避、誓死漸臺、貞風誰媲、

樊姬 楚莊王妻、〇不能薦賢、相國之尤、一言詰之、叔敖是求、用愧爾虞丘、

秋胡妻 魯陳氏女、〇丈夫秉禮、何乃有桑間之戲、自沉於水、羞乞秋君之薄義、

聶嫈 聶政姊、刺殺韓相、惟政之俠、以死續焉、惟嫈之烈、

伯宗妻 姬氏、伯宗剛直、姬勸託子以賢士畢羊、禍發、伯氏不絕、〇好剛之禍、其發必烈、微姬之言、伯氏以絕、

史氏 溧水人、伍員遇之乞食、員去、氏投水死、李白為文勒碑、〇既食亡臣、溧水自沉、有以頌之、青蓮之文、

王母 王孫賈母、大義責兒、報讎興國、社稷之存、惟母之力、

馮氏 馮奉世女，漢元帝妃。當熊而立，以身為衛，女子之忠，寔惟爾最。

陸母 續為楚王英事波及繫獄，母作食饋之，續見而泣，知母餉也。○義方之教，謹於平日，內方慈寸，可以驗德。

曾氏 清江人，兵亂，提己子，抱前室子，盜詢知，稱為義姑。前室之子，保護弟替，盜為之感，悉稱其義。

孟姜 杞植婚三日，役長城死，姜負骨歸葬而死。○燕爾新婚，忽焉遺棄，哭死而哀，能崩城域，斯常人之莫及。

齊義母 方氏○二子遭誣，兄弟爭死，不背夫言，請殺己子。賢哉繼母，人所難只。

緹縈 淳于意女。上書救父，孝勝男兒，漢文憐釋，肉刑并除。

木蘭 虞商丘人。閨中有傑，代父從軍，既全其孝，亦保其貞。

荀女 名采，陰瑜妻，年十九，瑜卒，父爽欲嫁之，采自縊。志不可奪，惟知守節，父也不諒，投繯自潔。

范母 子滂罹黨禍。漢室將終，群賢羅禍，母更不凡，勗子以義。

皇甫室 夫度遼將軍規卒，董卓欲納之，極罵，被鞭死。猗歟大人，既才且德，荼毒殞命，今喜超於仙域。

劉氏　漢盧江焦仲卿妻，爲姑所逐，母令再嫁，劉赴水死。不得於姑，又逼於母，渺渺清波，竟爲全節之所。

蘇若蘭　與平竇滔妻，滔嬖趙女，蘇織錦爲廻文，三百蒨情，悟滔。○仙才如許，本非凡女，錦字廻文，古今誰并。

謝小娥　南昌段居貞妻。○父與良人，皆賀於盜，易服爲傭，大讐克報，若娥者，具智勇以成節孝者也。

桓少君　純留人，適鮑宣。生於富貴，而甘貧賤，匪直美德，學識尤贍。

竇氏　剡人，少寡事姑孝，姑經，誣服死。○食貧事姑，姑不忍，自盡，官不審，大辟，沉寃貞可憫，好將神性歸丹鼎。

董氏　名德貞，祥符人，唐賈貞言妻。夫謫嶺南，束髮以帛，歲久不更，貞心如石。

王凝室　李氏，齊人。○夫死於官，歸負其櫬，旅舍拒之，斷臂不齊大節是焖

朱延壽室　全氏，鄞人，延壽爲楊行密所紲，全赴火死。夫謀不臧，卒罹於禍，闔門自焚，志以無惡。

崔氏　清河人，適滎陽鄭誠，戰死，崔年二十，撫子善果成立。夫不可背，兒不可棄，截髮割耳，誓以節義。

文姬　李固女，趙伯英妻。文姬謀藏幼弟以存李氏。有漢賢臣，受禍既烈，計全幼弟，惟女之哲。

季兒 郃陽人，夫任延壽殺季宗，季兒曰，兄讐義不可事，乃自殺、□殺兄之仇，乃是其夫，欲報不可，惟死之爲妥、

班昭 彪女，固妹，曹大家也、女中之英，才顯漢庭，續成國史，大家是稱，

鄭女 建寧徐洪敵妻，南唐查文徽兵至，氏被執，欲紀不辱，乃歸之，□閨中弱質，乃秉剛德，唐將知慚，完節以還，

龐氏 盛女，姜詩妻、出汲精潔，姑渴夫怪，逐出復還，赤眉相戒，

徐夫人 東吳孫翊妻，雖具治容，而抱貞德，義在報夫，智能殺賊，

趙娥 酒泉人，父安爲李壽所殺，娥白日刺壽，詣縣伏罪，英英閨秀，何落之悲，手刃讐人，有志卒售，

王母 王陵母 不變一死，勉子歸漢，千載青編，令名炳煥，

馮母 馮異母，□子身事漢，惟慈惟之繫戀，死以勉之顧忠 心之無間，如母者，宜歸貞於仙苑，

李夫人 馮邈妻，邈降魏，夫人自縊，蜀漢將亡，陰平殺入，夫也不忠，惟伊執德，

倪女 涇州人，許嫁彭生，出汲，彭欲犯之，不從，彭刺殺之，□ 聘而未女，狂夫猝遇，拒而被刺，死不失正，於之義

綠珠　石崇妾。何以致之，明珠一斛。報石墜樓，不受奸人之辱。

關盼盼　張建封妾。白樂天以詩譏之，遂不食死。燕子樓中，十年清節，樂天詩來，傷心遊絕。

程烈女　德興人。父兄被殺，忍而事讐，乘間鳴官，智孝兩優。

黄帛　唐婺道入。夫張貞渡江死，帛投江，越四日，抱夫屍浮出。○夫溺亦溺，抱屍同出，精誠無間，惟爾黄帛。

饒娥　樂平人。父勣漁於江，風作而溺，娥年十四，哭三日死。父溺而痛，慟哭斂死，幼稚之年，烈乃若此。

封氏　河間人，校書郎殷保誨妻。黄巢亂，遇賊不辱死。罵賊全貞，雖死猶生，宜乎夫子痛而殞身。

崔氏　趙元楷妻。隋末遇賊，抱樹罵賊死。義不受辱，抱樹而死，凜凜大節，香逾蘭蕙。

周迪妻　蘭氏。○隨夫乏食，不幸遭兵，賣身所肆，鬻割得金，願夫歸以養親，哀哉孝義，宜迓蓬瀛。

梅五娘　溧縣人。黄巢所執，不辱被殺，里人立廟，曰香心○。貞姬還魂，所志惟死，舉世爭稱，香心之子。

傳覽稱妙不已。王母曰：日後尚有閨賢踵出，統俟作史者

仙翁自在人亦辭極思動之時矣

趙弘

杜氏

爲之立傳加號羣眞起身謝別赤精曰荒山長生果漸熟不日相邀光顛齊聲謹諾揖遜出宮候天眞起駕然後拜辭散去南極謂伊仙在洛願住一省赤精領之齊向水精言別駕鸞與前行黃老揖曰南洲雖生明主而北伙方隆餘波猶然恐以德不能制水木公曰已命青龍之木扶火當水自然樞抵也黃赤一老欣然別去各回本山初唐明宗每夕焚香祝天願生聖人爲生民主用昌感而降生於洛陽夾馬營趙氏後天成二年赤光滿室異香經月不散與爲香孩兒其先乃胥卿燕趙四世祖朓爲唐幽部令朓生珽御史中丞珽生敬涿州刺史敬生弘殷娶杜氏首生一男曰匡濟早

辛、既生匡胤、又十二年、夢青龍入懷、生匡義、後又生匡美、匡贊、匡胤好交豪傑、抑暴鋤強、父母戒之、對曰、大丈夫當削平天下、遠近慕其名、南極至洛遊行、作相者、亦見一兒出曰、家兒存少林、仙翁撫其頂曰、青龍有角、騰霄漢、坐鎮華夷、享太平、匡義進述於父母、弘殷趨出、不見、匡胤嘗携匡義遊華山、陳摶遇之曰、誰言當代無眞命天子、行將出攜桃言二趙同行也前達磨折蘆過江、於少林寺傳下兩種拳術、一是風鑑全書、麻衣子得之傳於陳摶、一是衛身拳棒、繪圖證左八右出釋子習之遊方泰學可禦強暴匡胤精演武藝、盡得其妙、仙翁見而謂曰、子不學治平大道、求士一人之敵、何見之卑也、匡胤肅然曰、

郭威

遼

大同

後漢高祖劉暠

楚王馬希廣

海內何時可定。翁曰、尚在一紀之外。唱云、一著戎衣天下定。白猴仰看赤龍飛、飄然而去。匡胤喜而自負。是秋、晉以遼人入寇、命劉知遠會兵山東。親軍使郭威說知遠為自全計。乙巳、遼兵南下、大敗晉主。驕侈益甚。丙午冬、遼大舉代晉、兵入大梁、延廣維翰自縊。丁未、封晉主為負義侯、徙黃龍府、後晉二主、共十二年。遼改元大同、縱兵大掠、內外怨憤、皆思逐之。知遠分兵四守、以防侵軼。將佐勸稱尊號。知遠即位於晉陽、仍稱天福。遼主盡載寶器至中路殂。知遠安行入洛及汴。改國號漢。便名暠。為後漢高祖。楚主希範殂。其弟希廣立。吳越王弘佐殂、謚忠獻。遺命立弟弘倧。為下所廢。更立弘俶。南唐已併有

吳越王錢鏐

吳越王錢俶

徐牧兒

徐登

林玄光

建州殷閩亡時建州有司奏牧兒成道鐔州亦奏稱樵老得仙牧乃徐氏子嘗飯牛於高蓋山其地石門挿天松擒書暝猿狖清嘯與寒泉答響徐子遇二人對奕與一棋子吮之歸遂精手談閩人無與為敵後復遇前二人傳以眞訣△語曰吾錢塘徐登得祖姑傳道至仙茅山見上產嘉朮頂有羅喜洞多奇石環者如垣敞者如壇級者如磴穴者如盆又石上有流泉汲之不竭遂居此煉丹成而出遊遇此位仙長乃閩人林玄光字元通修道於石竺山紫微洞來仙茅相訪嘗高蓋清景常於此對奕耳徐牧乃歸依訣勤修。一日埋所得棋子於田植牛杖於側飛身而去人爭逐不能支、回視其杖、已生枝葉、始知為仙去、徐牧尋見徐林二師、負笈隨遊九仙山、訪古何侯仙跡、見巖壑深幽、置奕具於石、二師對坐下奕、牧遍覔果實、適一樵者入山、遠聞山頂棋聲、仰望之際、有白鶴啄楊梅墜一於地、樵者俯拾啖之、舉頭已失奕者與鶴、徐牧還、啟於師曰、頃化鶴山間、見二白猿摘果盈筐、收果贈我、甚覺馴狎、或有異人隱此、師盡訪之、林徐遂向南山尋蹤、見一猿登樹而戲、因投其處、猿跳下轉至山麓、更上一峯、二人隨之而上、復有一猿前迎、如謁狀、引至一洞、門有道者呵之、侍立其側、二仙施禮、動問、曰、某向道跡、封山、姓楊名俊、卿遇張湛師、指示丹

遼世宗阮　兵祿　漢　乾祐　漢隱帝　乾祐

訣來此修煉昨張師至曰子丹已成仙茅石竺有徐林二子其徒俱登仙籍明日當至可同彼度世行滿引翺上眞故立待久矣邀入洞各叙得道之由深相契合備徃漸聞救濟二猿居守月下嘯聲遠達名聞猿洞樵者自食楊梅還家即辟穀顯知人休咎人稱爲樵仙唐主召至問天下大勢樵曰遼滅於金漢亡於土惟我南唐長木來侮詳問其義樵曰數年間可見居未幾不知所往是秋遼立太孫阮爲帝爲李和雅猷改元天祿

戊申漢改元乾祐以馮道爲太師封瀛王漢主不隸石大臣入受顧命而殂壽五十四在位二年子承祐立爲隱帝以郭威爲樞密使字仲文邢州堯山人少刺雀兒於頸耳後呑珠如黍麻有相士謂其父曰雀兒啄黍必爲天子皆稱爲郭雀兒

荊南高保融　子柴榮　李太后　劉贇　後周太祖郭威　廣順　柴后　北漢王劉旻

已酉、荊南高從誨卒、漢以其子保融爲留後、庚戌、制郭威爲鄴都留守、其內姪柴榮爲鄴都指揮使、漢宮中數有怪風發屋拔木、漢主狎昵嬖倖、信左右譖、誅顧命臣、郭威聞之懼、留養子榮鎭鄴、自將軍至封丘、漢主爲亂軍所殺、威請李太后誥、立漢主弟贇、忽報遼入寇、太后命威往擊、至澶州、將士大譟、裂黃旗披威體、擁鎭勸進、柴夫人曰、公項雀漸、與黍及矣、辛亥、春、正、威即帝位、國號周、後周太祖改元廣順、立柴氏爲后、弒贇於宋州、後漢二主、合四年、是月、劉崇稱帝於晉陽、更名旻、贇之父、仍用乾祐年號、是爲北漢、周命榮鎭禦北漢、榮素與匡胤善、邀至共理軍事、是春、遼主殂、子璟立、穆宗、改元應曆、是冬、楚王希蕚爲

遼穆宗
應曆
楚
十馬希萼
馬希崇
二十一代
張秉
二十二代
張善
二十三代
張季文

弟希萼所殺、希崇復殺萼自立、唐主聞馬氏家亂、遣邊擊之、崇降湖南、盡平、唐烈祖爲齊王時、夢墮井中、有道士碧眼長髯、衣絳衣、拯出之、占曰、此漢天師也、及即位、遣使至龍虎、建祠宇、賜水田香帛、嗣師秉一辭字溫上表稱謝、師母嘗晝夢神人履金龜下降、覺而有娠、十有五月而生、既長目光如電、夜能視物、常負劍行山澤間、叱一老樹、樹即震裂、中有二巨蟒及小蛇百餘、皆死、將化曰、須地震乃殮、已而果震七日、始殮、體溫如玉、壽九十二、傳子善、字元、徧遊三十餘年始歸、襲教、與物接、淵默內修、及化、雲鶴翔於山、壽八十七、子季文、字仲、道德通靈、受經籙者甚衆、制鐵環券繼之

羅萬象

唐主好道、聞譚紫霄有道、寵之、出入金門、賜號曰金門羽客、

吝鐵券錄時、唐以闢地受賀、禮官請祠郊廟、唐主曰、俟天下一家、然後告祭、乃遣使賚香帛金錢至山修醮、仲珪奉表謝、唐主聞福州羅萬象精於易理道術、召之、萬象不言鄉里、有文學、明天文、操行奇特、居王屋山、久之、後遊於羅浮、歎曰、昔稚川曾栖此、今雖無鄭嶽相留、聊自駐泊爾、因愛石礫之景、結菴以居、常餌黃精、服氣數十年、或出遊曾城泉山瀑布下採藥、及入福廣城市賣藥飲酒、或一食則十數人之食、不食則莫知歲月、光悅輕健、日行三四百里、緩行奔馬莫及、唐使來召、萬象曰、吾不近貴人久矣、何不度、請仲珪使懇之、再曰、第言十年後、天下當一、自不波濤

四 毋昭裔

四 後周世宗柴榮

也使歸奏唐主以爲中原指揮可定是歲吳楚大飢壬子夏六月朔周主如曲阜謁孔子祠將拜左右曰孔子臣也不當以天子拜之周主曰孔子百世帝王之師敢不敬乎遂下拜又拜其墓命禁樵採（墓在曲阜縣西八里世呼爲孔林其址百餘畝孔子既葬弟子及魯人從而家者百餘室學中樹以十畝皆異種相傳遠人各持其方樹來種之也不生荆棘及惡草蔡有古石壇石儀旁有古松蒼然如虬龍形中有古檜一枝無葉傳聞大段華及聖人生則發一枝週十里無禽鳥蛇鼠棲）焉癸丑夏復刻九經板成（明宗校正刻印至是殘闕）傳布甚廣蜀毋昭裔出私財營學館請刻九經由是文學亦盛壬寅春正周主殂在位四年壽五十三羣臣立晉王榮（世宗睿武孝文）瀛王馮道卒自著長樂老叙述累朝榮遇常有喜容從無愠色時人皆以德

北漢主劉鈞

後周 顯德

石守信 鄭恩 趙普 ◎孫晟 曹翰

量稱之、臨終、謂子孫曰、吾將轉方矣、無疾而逝、諡文懿。北漢主因伐周敗歸、憤恨而殂、子承鈞嗣立、帝孝和性孝謹勤於爲政、境内粗安、乙卯春、周改元顯德、丙辰春、下詔親征淮南、唐人逆於六合、匡胤率石守信鄭恩等奮擊大破之、詔以匡胤爲定國節度使、匡胤表趙普爲節度推官、南唐司空孫晟使於周、周主問唐虛實、晟終不言、曹翰曰、有旨賜相公死、晟神色怡然、整衣冠向南拜曰、臣謹以死報國、乃就刑。時當仲冬、晟屍僵卧雪天、越宿猶暖、念觀音力、證無生忍。

南極一遊、不特爲警策宋祖、而鄰公相業、已兆端矣、龍虎山天師遺澤、曲阜縣至聖餘芬、孔李聲靈、常存萬古、而列仙大儒、繼其風徽者、指不勝屈、益見至誠無息之妙、

有女枏慎
李大眞
曹妙本

〇〇盤龍法息調混沌、〇〇指玄篇神謁碧虛、
宇文周時有女曰惠枏號武穆公主生時有異光幼不茹葷長、
思獨處慕魏夫人緱仙姑之志因居石室感西陵聖母降、
傳經籙修三素大道潭衡之境士女景慕時海內將亂告、
學者曰吾當暫往約百餘年復至開元初化去賜額西靈、
觀曰久已廢馬氏據荊南時復與有女冠焚修其間李太、
眞者深得三素之旨與弟子曹妙本修之太眞謂道侶曰、
仙都所召將於今夕去亭午沐浴整衣至夕坐化妙本曰、
師既逝行吾何獨住亦危坐而逝三日始殮體尚溫柔唐、
主命與惠枏並祀於觀歲度女冠一人以繼焚修孫晟常

王睦

給以粟帛。公主感其誠、清夜降告其道、故得兵解遁去。周主梅之、命葬牛首山、尋遣使往華山禮徵陳摶。有樵者於山麓見遺骸生鹿、迫視之、乃圖南也。良久起曰、睡酣奚爲擾我、必有遠行之累。使者果至。摶詣闕、周主問飛昇黃白之術、對曰、天子當以治天下爲務、安用此爲。周主善其言、賜號白雲先生、留京師。時匡胤、匡義及趙普同遊都市、入酒肆、普以年長坐於右。摶亦至、指普曰、汝紫微垣一小星爾。輒處上次、可乎。普由是遜於二趙。摶請還山、詔長史以時存問。後遊華陰、邑宰王睦謂曰、先生居溪巖、寢止何室。摶笑吟曰、華山高處是吾宮。出即凌空跨曉風。臺榭不將金鎖閉。
來時自有白雲封

睦深服其高致。有郭沆者。少居華陰。來山就學。中夜摶呼令速歸。且與俱往。一二里許。有人號呼。報其母卒。摶遺以人藥云可救。沆至灌之。遂甦。自是訪道者甚衆。值摶酣寢。往往不能待其寤而去。每寢處恒百餘日。蓋五龍蟄法也。一日。有客過訪。見睡傍有一異人。聽其聲息。以筆記之。滿紙糊塗莫辨。客怪問之。其人曰。此先生華胥調。混沌譜也。長興末。劉仁贍來候。爲先生卧久不起。遂別去。投南唐爲將。至是屢敗於周。憤悒成疾。周主親至壽春。仁贍死之。周以壽州爲忠正軍。以旌

南唐　中興　南漢劉鋹　大寶　謝先翁　張永德　後周恭帝宗訓　苗訓

洪節戊午、唐（改元中興）放宋齊丘死、南漢主晟殂、子鋹立、（改元大寶）贛
之瑞金有謝先翁者、（紹鄉）月採樵於常鄉山中池側、見二女
奕、從旁而觀、一女局負、笑曰、南征北討、仍為汝取去、猶今
之柴郎也、一女出桃分食、投核於地、謝拾核取仁嚼下、甘
香盈頰、恍失二女、已知周代不久、隱棲幽谷、（後亦仙去）己未夏
周主伐遼、闢南悉平、議取幽州、會疾作、乃還、於文書囊中
得木夾、有云、殿前點檢作天子、時張永德為點檢、（貴巧）乃以匡
胤代之、立子宗訓為梁主、（甫七歲）周主殂、（在位六年、壽卅九、）梁王即
位、[illegible]庚申春、劉鈞結遼入寇、詔匡胤禦之、加太尉、苗訓善
天文、見日下復有一日、黑光摩盪者久之、指曰、此天命也、

宋太祖趙匡胤　建隆　郭玘　王后　高保勗　石幼女

是夕次陳橋驛將士直逼寢所曰願策太尉爲天子加黃袍於身擁逼還汴匡胤攬轡與約受禪即帝位改元建隆國號宋（太祖神德藝皇帝）色尚赤臘用戌以火德王奉周主爲鄭王命宗丘鄭玘祀陵廟（後周三主）共十年遍告郡國藩鎮陳摶乘驢遊華陰聞帝登極拍掌大笑曰天下自此定矣帝親爲詔書徃召辭曰九重仙詔休教丹鳳啣來一片野心已被白雲留住帝咨嗟累日南唐吳越皆遣使來賀帝厚報之立王氏爲后高保融卒其弟保勗請命於宋授以節度使辛酉杜太后殂周世宗時汴京民石氏開茶坊令幼女行茶嘗有丐者病癩垢汙藍縷直詣肆索飲女敬而與之不

取錢如是月餘每旦擇佳茗以待父兄見之怒逐丐笞女
女詈不介意又數日丐者復來女供奉益謹丐謂曰汝能
啜我餘茶否女頗嫌不潔少覆於地聞異香亟飲之丐曰
我呂仙也可隨汝所願或富貴或壽考皆可得也女不識
富貴只求長壽不乏財物呂祖遺以漁父詞曰
子午長滄日月精玄關門戶啟還扃長如此過斗先且
把陰陽仔細烹
復授以口訣女白於父母始悔尋之不得至是復來石氏
留之師曰今年衰憂俱大喪余怨遠人未化將北遊勸其
來賓後石女長嫁管營指揮年百二十歲是歲宋太后殂遼主叔父死於獄

南唐李煜　荊南高繼沖　眞象先

東夷女直貢馬於宋古肅愼地元魏封號勿吉隋時改號靺鞨唐號渤海國在南籍繫并丹號熟女直在北號生女直高麗亦浮海來貢是秋南唐主景殂子煜立

後主壬戌冬高保朂卒諸將立保融子繼沖高有族子名象

先酷好眞道苦無師授一日晝寐忽魂升九天羣眞引朝

玉京自陳情悃上帝曰前生乃唐忠良陸象先實爲可憫

命西華眞人指示丹訣眞人贈一書宣令二侍宸引退象

先乃覺見枕畔有書標曰指玄篇葉沐跪讀其畧曰

黃帝訪道崆峒室始得玄綱未全悉回頭蜀國訪峨嵋

天眞皇人與眞一莫若先敲戊已門戊已門中有金水

金水便是黃芽根黃芽根爲萬物母母得子兮爲鼎釜

日魂月華交感時○一浮一沉珠自飛○玄珠飛到崑崙上○子欲得之憑罔象○罔象得之歸絳宮○絳宮熱入肌膚紅○肌膚紅兮鬢髮黑○北斗由斯落死籍○大哉九千日功成○彷彿橋山有遺跡○君不見叔通從事魏伯陽○相將笑入無何鄉○惟通山作參同契○留爲萬古丹中王○首曰乾坤易門户○乾道成男坤道女○世人不識眞陰陽○茫茫天下尋龍虎○日爲離○月爲坎○日月陰陽相呑立○金烏死玉兎生○萬物皆因天地感○二氣絪緼男女媾○四象五行憑輻輳○晝夜屯蒙法自然○焉用孜孜看火候○採有時○取有日○採兮取兮須縝密○

象先諷誦百遍始悟其蘊乃明眞龍眞虎採鉛鍊汞之道
見家國衰微將歸於宋遂密載黃白之貲入百粤起鍊未幾
道成因作書述其微義與指玄同文字古雅專論鉛汞癸亥宋襲江陵繼沖納土荊
弃華
湖悉平襄陽先有鼓刀之徒弃華者遊春醉臥漢水濱適
魯班自廣野間見華奇其貌叱起贈一斧囑曰但持此造
作必巧妙通神他日愼勿以女子爲累華拜受請姓字曰
魚日公
我魚日公也華自此斧削成物飛行如意後遊安陸止富
丑枚
人王枚家枚請於臨水造獨柱亭工畢盡出家人以觀枚
汪女
有女喪夫容色殊麗華見而深慕其夜踰牆入室女甚驚
華詭以仙術女從焉枚覺其異厚遺遣之華曰寄食愛悲

州牧

乾德

應天曆

王全斌

曹彬

陰功不小

于滿川

嘗以一物奉君出斧造飛鶴一雙未成其目其刀竊女乘木鶴同歸忽失斧所在華心甚恐避跡僻處故失女求之因入襄陽以告州牧牧獲華與女怒訊之華述鐫斧事牧杖殺之而焚其鶴以其事近妖不敢上聞是歲改元乾德初製應天曆頒行王皇后薨、謚孝明、甲子蜀主昶約北漢侵宋帝命王全斌曹彬等伐蜀乙丑昶請降克成都時軍士縱掠婦女彬悉收閉一室窺以度食戒左右曰是將進御洎還訪其親以歸之無歸者備禮嫁之先是蜀之樂官于滿川所居關水一吏嘗擔水以供數家值三月三日滿川遊學射山通眞觀見賣水吏在與之語云凡近測邀過其

葛珩
葛璝
孔仁玉
孔宜
韃靼

家入檀竹徑歷源塹可十里許見門宇殿閣人物喧闐有像設圖繪引至大厨巾失叟所在問人乃葛璝化厨也云來日看鹽市方營大齋及歸已逾三日自此叟不復來滿川於兵亂日避入峨眉遇故進士王獻引進洞中因問葛璝何仙不能爲福本境獻曰稚川眞君有三子長玘次珩次璝也宋主崇文閣武順天應人四夷賓服蜀何能抗衡乎滿川隨獻修煉不出丙寅春帝以文宣公仁玉之子宜爲曲阜主簿孔子四十四代孫五季襲封廢絕至是命主祀事時回鶻于闐交直占城南極達靼諸越裳韃靼諸國入貢韃靼北夷靺鞨別種唐徙陰山初竇儀弟儼爲周諫官、薊人父禹鈞述義熟醫樂濟人生五子皆貴世稱丹桂善推步星曆嘗云

竇儀　寶儀　董遵誨　北漢劉繼恩　北漢劉繼元　遼景宗賢　保寧　王昭素　潘美

丁卯歲五星聚奎時儼已卒是春三月五星果聚於奎奎主
文虖如連珠改元開寶立宋氏爲后以董遵誨爲通遠
軍使其父初爲隨州刺史帝微時往依遵誨常侮之每見
城上有紫雲如蓋又夢登高臺遇黑蛇長百餘丈俄
化龍飛騰東去雷電隨之問是何祥帝不對辭去而雲漸
散即位召謂曰卿尚記紫雲及龍之事乎遵誨伏地請死帝曰
朕豈念舊惡乎奎鎮諸侯不敢犯北漢主鈞殂養子繼恩立其相
弑之繼元恩弟告即位於遼已遼主璟遇弑在位十八年年三十九
立其弟賢景宗改元保寧宋帝親征北漢遼救帝擊敗之庚午春
徵處士王昭素年七十餘問治世養身之道對曰治世莫若愛
民養身莫若寡慾帝書於屏九部修前朝二十七陵南漢
主鋹奢淫帝以潘美伐之辛未春美乘勝攻陷廣州擒鋹

還封恩赦侯。南唐主酷信浮屠、募人爲僧、每退朝、與后服僧衣誦佛經、拜跪手足成胝、及南漢滅、大懼、貶國號江南、上表貢獻。壬申、帝禁鑄錢爲佛像。憾愚民多毀農器以邀福、夏霖雨河決、帝禱天籍宮人百名遣之。癸酉春、故周鄭王殂於房州、諡恭帝帝爲發哀、葬順陵、使者自房州還、述神仙娶婦事甚有言衡山有隱者、不知姓名、因賣藥往來寄宿嶽寺、或四五日無所食不飢、僧徒異而敬、接會有樂人將女詣寺名玄珠有殊色、社衆欲娶之、父母求五百千、莫不引退、隱者聞之願嫁、邀僧徒看、乃將黃金兩鋌、正二百兩、謂女父曰、此金値七百貫、今亦不論、付金使將女去、樂師時充官使、倉卒

李昉

高麗
王建
王昭
王伷

交阯郡
丁璉

欲別隱者示其所居云去此四十里但至山嘗知父毋事畢憶女往訪至山見朱門崇麗扣之隱者與女俱出裝飾華美等於貴顯迎接至內堂屋瑰煥從者数十輩設食珍異一食後不復飢留連五六日不思食將還私問女曰郎何姓曰姓蔡復以五色紬盛黃五鋌贈送謂曰此間深邃自後無煩更求也其後復往草樹滿山無復屋宇世俱稱其父為仙丈或曰與張果娶韋女相似學士李昉曰南方相傳彭蔡二君眞侶頗多此女合得度世耳昨高麗王昭卒子建次其子伷立浮海報喪於宋帝使李昉賚册宜之交州丁璉來貢詔封交阯郡王遼使耶律昌朮來朝西南夷

三佛齊國來貢。帝以遠夷向服。遣使諭江南入朝。不至。命曹彬伐之。進克金陵。江南主降。彬誓諸將。城破不妄殺一人。惟江州固守。曹翰攻拔。屠其民。翰身死爲猪。子孫多爲丐者。南唐初謚蔣帝爲莊武。至是忽自火其廟。雍熙四年重建。帝封煜爲違命侯。以彬爲樞密使。吳越王俶懼。甲戌春與妻孥來朝。賜禮賢宅。留宴兩月。遣還。帝將謀北伐。仲冬不豫。召晉王光義屬後事。遂崩。在位十四年壽五十。光義即位。改名炅。先有一翁賣藥。長安童稚至暮齒。見翁顔狀不改。常携一大葫蘆。人告疾求藥。錢得不得皆與之。無阻。樂皆稱効。或戲問有大還丹否。曰有一粒。一千貫錢。咸以爲狂。每於城市笑罵。又曰有錢

不買藥嚼盡作土饅頭去○自言與藍采和爲道友、采和字養

素見伶倫高眞中、貢丈人謫於塵寰○周遊歌詠○覺世之盲聾○常衣破藍衫、六

銙黑木腰帶濶三寸餘、一脚着靴、一脚跣、夏則衫內加絮○

冬臥雪中、氣出如蒸、人問其所得、答曰、離云男子無孕偏

我十月懷胎○行歌城市、乞索、持大拍板長三尺餘、醉而踏

歌、老少隨看之○似狂非狂、行則振靴歌云

踏踏歌藍采和○世界能幾何○紅顏一春樹○流光一擲梭○

古人混混去不返○今人紛紛來更多○朝騎鸞鳳到碧落、

暮見桑田生白波○長景明暉在空際○金銀宮闕高嵯峨、

歌詞頗多、不及具載、率爾而作、皆神仙意、人莫之測、得錢

太平興國

呂蒙正

周述

則用繩穿拖行，散失不顧，或贈貧者，或與酒家。賣藥術遇之，必相與劇飲。未深時，采和飲濠梁酒樓，既醉，空中聞笙簫聲，仙鶴下止。采和乘之，軒舉於雲中，擲下靴衫帶板，冉冉而去。翁獨遊行於世，至是於長安市抖擻瘦葫，已空，內只剩一丸，極大光明。安掌上謂人曰：「百餘年無一人肯把錢買藥，吁，深可哀哉！今將去送赤帝，歸眞矣。」以藥自投於口，足下五色雲起，望東南而上。人始歎悔不及。計其上昇在太祖實天日也。是冬，即改元太平興國。乙亥，帝親試舉人，并進士呂蒙正以下，並賜及第。知江州周述言廬江白鹿洞學徒數千百人，乞賜九經，使之肄習。詔國子監給之

[illegible]下，[illegible]此，會養白，以李善

[illegible]中於此建學中置臣[illegible]諸生，以

[illegible]學士[illegible]復葬太祖於永昌陵，樂曰大定之舞，伐

[illegible]之封淮海國王李[illegible]追封

[illegible]王以孔[illegible]封文宣公，帝令開孔子世嗣，宜因言歷代

聖人之後[illegible]部，復其家。己卯，還[illegible]美等伐[illegible]

[illegible]降賜爵彭城郡公，逮代[illegible]得[illegible]望蜀，[illegible]進志歸，

守丈氏[illegible]國[illegible]，[illegible]生[illegible]，不如患忤，一女子學鬼

長存朝樂卻走，奈何[illegible]

象先慕道教，忘寢食，精誠既孚，神赴玉京，得命西華[illegible]府命

示，固是夙根，學者若能如彼真切，則玉京非遠，

非遙矣。如曰彼有夙根，不可學也，天如彼乎哉，

世之腰帶着靴多矣，一大拍板，終日排塲，不如休歇，故

藍仙現身說法，於昇舉之際，一齊撇下，須知此等行頭

下塲時都用不着，而本來面目，作何究竟，

十楊業
●陳景元
□張無夢
□种放

●□襄王府楊礪逢眞□□鄷都觀王顯成勳
武功郡王德昭自殺追封魏王謚懿五子有以楊業爲代州刺
史善戰無敵號論平漢功進廷美爲秦王命道錄陳景元傳純
陽像於世呂祖顯化四夷每現三頭上鶴頭中獅首下本像六臂左挹
飛龍劍右執珊瑚尺中兩手結無遮印左五雷訣仰右劍訣覆衣黃道袍盤坐黃鶴上以
法相喝服諸酋化導歸夏建炎丁見後後死稱太祖爲朱陵上帝留語移時左右皆不得
開太祖解赭袍玉帶賜之餓不見命繪像於太清樓帝召華山陳摶時摶復遇海蟾
子得金丹秘旨陳州張無夢洛陽种放師事於摶海蟾子
至與之談道一日戲以墨潑石上俱成字句後張种至山
各言於某日劉師來家潑墨作字蓋同日分形也劉仙梅

毛女　穆修　薛居正　田錫　遼聖宗　隆緒立　蕭太后　統和

尸解白氣從頂門出化爲鶴沖天而去摶應召至都帝欲官之不受惟求一静室乃賜居建隆觀扃外熟寐月餘方起辭還山秦時毛女以詩贈曰

藥苗不滿笸又更上危巔回指歸去路相將入翠烟

蓋亦所諷遂別云河南穆修字伯長來從受易摶悉授之卒巳春平章薛居正酷信方士因服丹砂遇毒方奏事疾作遽掖歸中書卧閣中吐氣如烟輿歸私第遂卒輔相十八年寬簡不苛謚文惠皇子德芳卒贈岐王有三子以田錫爲左拾遺加趙普梁國公貶廷美涪陵縣公是秋遼主賢殂子隆緒立爲聖宗方十二歲國事決於蕭太后明年復號契丹改元統和高麗王伷卒

雍熙

宋琪

徵言致治

丁少微

弟治立甲申改元雍熙延美壽王房州贈浩王羣臣請封禪許之五月乾元文明殿災罷封禪冬十月陳摶入朝帝待甚厚謂宰相曰摶獨善其身不干勢利所謂方外之士也遣中使送至中書宋琪等從容問曰先生得玄默修養之道可以教人乎摶曰山野於時無用不知黃白吐納養生之理非有方術可傳假使白日昇天亦何益於世今上深究治亂極意倫常眞有道之主也君臣協心同德興化致治勤行修煉無出於此琪等以其語白帝益重之賜號希夷先生放還詔常復華山租赤松壺公麻衣洞賓嘗來與摶遊方士丁少微者亦處華山候其居摶不之顧每侍

李后　楊延昭　張齊賢　李繼捧　李繼遷　端拱

豈即楊億傳稱欠身而吟曰倏爾火輪貫地脈愕然神瀵涌山椒少微不喻其義詔徵少微以金丹玄芝獻帝知爲文成五利之流甚怒之曰希夷有春卷巢由之致宜其同棲一山不相往來也是冬立李德妃爲后廢長子元佐力救延美因發狂疾丙戌帝分遣伐契丹楊業力戰死之贈太尉以其子延昭爲將契丹薄代州張齊賢掩擊敗之定難節度李繼捧繼筠弟族弟繼遷走據地斤澤降於契丹令都督夏州以耶律女妻之後封夏國王既復歸宋賜姓名趙保吉戊子春改元端拱希夷遣門人鑿石室於蓮花峯之張超谷既成遣視曰吾其歸於此乎遂以左手支頤坐而形化七日容色不變肢體尚溫

李挺之 邵雍 許堅 范鍔

淳化

有五色雲封谷口彌月年一百一十八歲太華希夷峽 脫骨處其上[illegible]

穴舊有垂瑱道仕常纍以上見骨盛石函色呂蒙正為平

徼紅香甚後有人竊其趾骨去道士斷其頸

章曾聞希夷以養正之吉故居官清慎穆修以易授李挺之李授邵雍

而大顛种放以象學授廬江許堅堅授范鍔至會稽粕猶存

是秋錢俶殂贈秦王謚忠懿帝作

開寶寺塔八年始成費踰億萬知制誥田錫上疏云衆謂

金碧熒煌臣以為塗膏釁血出錫知陳州張無夢自得徼

青行赤松子導引歸陳從學者甚衆常謂徒曰心無為則

氣和心有為則氣亂錫稚好老子每自曰尺木贊無位之

聖韜光之賢能詢謀道德以貽於後世聞無夢有得往與

交焉絕不談及時政庚寅故死淳化趙普知人情不洽力

陳叔明 求致仕越二年卒詔貸江州義門陳崇粟、南朝宜都王陳叔明後數世未
陳崇 曾分異長幼七百口、每食咸集序堂有
犬百餘共一牢食一犬不至群犬不食、置常平倉於京師
徵終南隱士种放不至放以講學為業資以養母母恚曰
嘗勸汝勿聚徒果為人所知不得安處放稱疾不赴母盡
取筆硯焚之轉居深僻帝嘉其節放不喜浮屠謂帝藏佛
闍婆國王 舍利非明王所為海南闍婆國王穆羅茶遣陁堪來貢云
陁堪 中國有真主故來甲午夏江南大旱陶貞白弟子錢妙真姊妹積修三十年普
通二年道成其姊披白練先入茅山洞妹後至已扃、處句
請乃入、天寶七年、勅建燕洞宮洞口有紫菖蒲碧櫟、
侯嘉貞 容令侯嘉貞率士民往洞投金龍祈雨是夜雷雨大作其
邑吏 洞復開一吏深入遇道士與林檎一枚、食之而出遂絕粒

田霖　寇準　楊礪　吳經　至道　呂端　張洎

度世、後田霖有詩云、燕口、龍泓氣象清、妙真此處有遺靈、仙、兄去後師猶在、女弟來時户已扃、雲片尚知披白練、泉聲常似誦黄庭、碧桃花發菖蒲紫、留與人間作畫屛、帝儲貳未定、謂樞密使寇準曰、襄王可乎、元侃準曰、知子莫若父、願即決定、楊礪爲舉人時、嘗夢至大殿、有上坐者語曰、我非汝主、來和天尊汝主也、指示令謁之、礪後進士第一人、爲襄王府記室、進謁、如夢中所見、乃知爲來和也、吳經受希夷相法、遊於京、帝令相諸王、至襄王府、及門而返、曰、廝役皆將相也、王可知矣、乃儲之議始定、乙未改元、至道、以呂端同平章事、張洎參知政事、初洎家居、有道者謁之、自稱呂翁、與講周易併言孟子存心養性、自後文章日進、翁作八分書誌一章留別、微示他日、將佐鼎席之意、其卒曰、功成常在破瓜年、位果參政、後十六年而卒、以破瓜爲二八之

回王禹偁　回東眞宗　回孔世延　回高麗王誦　咸平　二王旦　回王祐　二錢若水

也議時開寶皇后崩、羣臣不成服、學士王禹偁言宋后嘗母儀天下、當遵舊禮。坐訕謗貶知滁州、禹偁少時亦遇呂翁指偁曰、朝陽丹鳳也。果立敢言朝、丁酉春帝得怔忡疾、遂崩、在位二十三年壽五十九、呂端輔太子恒即位、即元侃爲眞宗立郭氏爲后、以孔宜子世延襲封文宣公、宜爲晉鮒弱死於河、高麗王治卒、其姪誦立、戊戌改元、咸平△已已、夏、魯公曹彬卒、樞副楊礪卒、庚子、以王旦同知樞密院事、旦父祐敬奉純陽像、翁來請曰、君家世積德、子孫致位三公、當樹槐爲券、祐乃植三槐於庭、後旦果大敗、呂翁於白鶴山池中招巨蟒爲劍、遊岳陽、詭名貨藥、一粒千金、三日無售者、乃登岳陽樓自餌其藥。忽騰空而立、衆方駭慕。翁笑曰道在目前蓬萊跬步。撫機不發當面錯過。更吟

此兩戕若水
詩說許之殿
字時見陳
揖子華於
共老僧方
論坐老僧
秘視若水以
飭盡歷岳
故不得二字
令僧曰公急
流勇退人
此後再生者
僧呈詩曰
覓見子神
仙氣朗讀
作以招
衣道人出之
皆但能作
人御耳做不
得神仙也者

詩曰、

朝遊碣石暮蒼梧袖裡青蛇膽氣粗三醉岳陽人不識

朗吟飛過洞庭湖。

遂去之長沙詭為回道人持小礶乞錢所得無算、而礶常

淺坐市中言有能以錢滿吾鑵者當授以道人爭以錢投

鑵竟不滿有僧肩一囊錢至募緣所得戲曰汝鑵能容願

為汝徒不能可師我道人唯唯乃提囊就鑵俄不見僧曰

神仙耶幻術耶道人口占曰

非神亦非仙非術亦非幻天地有終窮桑田有更變身

固非我有財亦何足戀曷不從吾遊騎鯨騰汗漫

吾水年四十一毋乞請辭嘔務若生亘代已因合似陳平誘法

長沙僧

侯妓

時蘇為定州帥有道士詣鄭觀主笑則口角至耳詩頭曰非上帝標簽魂二萬至本觀按簿籍皆死于公手果殺之功冠午世

僧驚疑欲執道人曰若惜此錢乎吾償汝取片紙投罐祝速出良久不應曰吾當自取跳入罐僧擊碎之有紙題曰

尋眞要識眞見眞渾未悟一笑再相逢携囊瀟湘渡

僧悵然歸果見道人曰始謂汝可教惜錢乃如此以錢還之僧方悔謝已不見

呂師北遊於兖有妓侯姓者爲邸以舍客師乃僞求授館早出暮歸必大醉逾月不償一金侯力召客啜茶師曰鍾離先生謂汝可以語道侯不省師索飲侯滋不悅師仰臂示之金釧隱然解一令市酒侯利其金曰飲罷寢此乎曰可登榻鼾齁夜分侯廹榻師以手拒之侯恐去遲明失師所在視所拒處丹色徹肌侯感悟曰

夂從成等 斗頭此之來 几契丹問以 微下境頭山 兵敵斬二萬 級帝以頭看 鄰歸楚遊 雞而來也 十七頭 部都觀上 回張詠 四川情 二年忻

得非宿世念善王於此其來度我乎即斷髮布服遇何姑
引入終南帝徵終南种放放母卒賜以粟帛至是幅巾入
見詢以政事放曰明主之治愛民而已惟徐而化之帝以
為左司諫直昭文館放固辭不許明年請暫還山後數朝京東封
西祀皆預癸卯夏趙保吉攻陷西涼復敗死其子德明嗣帝以
張詠愛民命復知益州時嘉定州夾江縣尉羊惰辭官學
道詠為奏聞許之情泰山人以世祿官家於縉雲明經擢第
兄忻為台州樂安縣令惰幽棲括蒼山慕道惟切值妻亡
曰莊生鼓盆迥為達者男且有業女已有歸家無累也後
遊阮郎亭崖上去地十餘丈有篆書刻石中極大世傳阮

盛成 靈英 必是芝 [illegible]

筆題有盛成使匠人鑿石模榻臨之乃李陽氷爲縉雲令遊此亭所題詩曰

阮客身何在仙雲洞口横。人間不到處。今日此中行。

情於亭側與縉雲觀道士數人花時飲酒日午忽仆地若斃氣息猶暖舁還七日而醒曰初遇一人青幘絳服自稱靈英邀人洞府樓觀宏麗鸞鵠徘徊天清景暖石穴中有物飛出狀如螢靈英指曰此青靈芝也食可得仙情方飢甚取食甘美英曰爾夙有仙分遂得見仙官遂引見三人俱戴遠遊冠霞帔文武侍從極多英謂曰是小有王君華陽大茅君隱玄天佐命君情歷拜之咸司有仙骨未能飛

昇、猶宜地上修鍊、俄命英送出、乃括蒼洞西門也、始得醒、不喜穀食、但飲水三升、日食百合一盞、身輕骨節皆動抖擻、如拍板聲、人多吟咏、如與人談話、晝夜不休、或以紙二三百幅、頃刻書盡、人莫之識、惰讀悉是文章道侶依口錄之、良亦清新、多瀛閬之語、經年清瘦、輕健、有謂妖物所魅、及二年、漸肥白、惟飲水與酒、三年鬢漆童顏、入委羽山不出、呂祖聞惰入道、遂遊括蒼、金華諸洞天、永康軍倪庚新開酒樓、祖。上樓索飲、自旦及暮、飲佳醞石餘、衆怪之、相聚以覘、倪需酒金、祖瞪目、頹然、倪坐守之、瞎鼓動、道人忽起、援筆題壁曰、

景德　李沆　畢士安　西平王李德明

鯨吸鰲吞數百杯。玉山誰起復誰頹。醒時兩袖天風冷。一朶紅雲海上來。　三山道士陽純作

以土塊擲倪西出門仰望東北而去刮其辭壁徹數分視土塊乃良金自是酒樓大售是冬田錫卒錫梗介寡合少遇海蟾師事之既受呂祖之教有得於道德經臨終易服而逝甲辰改元景德平章李沆卒（諡文靖）以畢士安寇準同平章事契丹冊李德明爲西平王（改明德昭）宰宋北勢契丹進寇澶州中外震駭寇準飲笑自如請帝幸澶州契丹氣奪請盟南北弭兵乙巳种放入朝甚言其友張無夢得希夷海蟾之學德業高卓今在浙江永嘉開元觀帝遣使召至

馮洪緒　姬志眞　翁彦卿　王欽若　陳堯叟　王捷　趙玄朗　劉承珪

便殿賜坐、爲講易謙卦、帝問獨說謙卦、何也、對曰、方大有時。宜守以謙、帝悅、賜詩寵之、尋辭歸、初與馮洪緒姬志眞同師劉祖五年、不聞一法語、請曰、將謂弟子輩不足敎乎、劉祖曰、否、馮明命理、姬達性宗、張晰於易、三子學問各脩、互相資益、則全矣。何俟吾言。於是三人講究不輟。馮乃道大從姬後爲擒玄尊師、姬乃曲阜周公之後、後爲知常眞人、張復興莘人、王林其事、陳圖南師、謂張當以易道受知明主、謂王有陰德、當昌大其後、祐僊貿義氣、曾以酉日明付彦猷毯兩年春、以王旦同平章事、王欽若陳堯叟知樞密院、丁未夏、郭后崩、河州黥卒王捷自言於南康遇道人趙玄朗、授以小環神劍、云是司命眞君、宦者劉承珪以聞、帝賜捷名中正、又言眞君降於其家

丁謂

孫奭

之新堂帝信之謂為聖祖由是祥瑞之事起矣秋七月增置孔子守堂戶凡二千三司使丁謂上景德會計錄欽若進封禪之說云可鎮服誇示然當得天瑞帝一日謂羣臣曰朕去年十一月二十七日夜將半方就寢忽室中光耀見神人星冠絳衣告曰當降天書大中祥符三篇適觀皇城司奏左承天門屋南角有黃帛曳鴟尾上其所降之書乎帝步往瞻望遣內臣升屋奉之以下再拜受之付堯叟啟封帛上有文曰趙受命興於宋付於眘居其器守於正世七百九九定（百七也南北君也）緘書甚密其黃字王幅辭類老子盛於八匱龍圖閣待制孫奭曰以臣斯聞天何言哉當有書也帝默

大中祥符

(廿)王曾

(四)王宗元

月元之道

然。戊申春，遂改元大中祥符，詔議封禪。欽若判兗州，上言泰山醴泉出，錫山蒼龍見，又得天書於山，具威儀奉導，遂授中使詣闕，作玉清昭應宮奉安。知制誥王曾上疏諫，不聽。曾父宗元，益都人，凡泥潤中有片紙隻字，即拯拾以香水浴淨，焚灰，或付清流，埋高阜。一夕夢宣聖撫背曰：汝何敬吾字之勤也，惜已老，無可成就，當使曾參為汝子，顯大門户。生子，遂名曾，字孝先，省試廷對皆第一。冬十月，帝封泰山，禪社首，封東嶽天齊仁聖王。唐武后封神嶽天中王，復尊天齊君，玄宗加封天齊王。十一月，帝如曲阜，謁文宣王廟，再拜，加諡玄聖文宣王。詔叔梁紇堂命近臣分奠七十二弟子，遂如孔林，祭以太牢。追封聖父為魯國公，聖母魯國太夫人，亓官夫人為鄆國夫人，追謚齊太公為昭烈武成王，立廟青州，魯周公為文憲王，立廟曲阜。帝還京。是歲有年，大赦天下，改乾封縣為奉

在瑞

特己酉追封玄聖廟配享從祀兗公顏回為兗國公費侯
閔損下九人為郡公成伯曾參下六七二人為侯
先儒左丘明等十九人為伯以四十六世孫孔聖冬十月
佑為奉禮郎主祀事乃加號聖祖為司命天尊
韶州軍作天慶觀帝未有子遣道士葉藏質投金龍王簡
於華陽洞遣在瑞求嗣於江南之大茅降東嶽帝出震天茅主生陽
希夷一生功夫都在睡中化去時却坐而不卧蓋得劉
師丹訣與起蟄龍更不復睡乃升騰以去耳
來和降世跡於廣野會隱伏一氣若非楊礪夢中豫識
何能使舉世知為真宗乎於此可徵史家之有朮
堅貪雖以財言抑知凡吝於改過吝於教人吝於從善
納誨皆慳也好名慳好宦達好食色服御皆貪也有一
於此皆能障道
真宗初正履盛持盈之日也故無夢獨講讖卦若豫知
有土木禱祠者李藉言於前無夢言於後皆採之於理
海邦來貢熱丹和服此爽和天尊治世之驗太子誕生
守堅止羅黃河再清謂是赤腳降世可以無疑蓋凡帝
王皆自天真中來特以声色自溺即隱而不宣

李妃

赤脚誕與南極同日

劉后妻

守堅

赤脚仙

○○守堅知赤脚臨凡○○倩桃言萊公棄世

宮人李氏杭州人初入侍劉修儀帝命司寢遂有娠從臨砌

墜帝私卜釵完當得生臺玉釵

男左右取釵進殊不毀庚戌夏五月一日果生子修儀擁

爲己子壬子歲劉后立爲后帝遣齋香帛至茅山懺謝刻碑元符宮以

記神應太子初生頻哭不止詔有能止哭者宴道者字守堅安

東人生有異相掌中一日

中指七節後爲承天寺僧適在京應詔入宮摩太子頂曰

莫叫莫叫何似當初莫笑莫哭莫哭自有文曲武曲啼遂

止帝欲封賞不受仍歸淮安初大茅君受帝之囑啟知東

嶽奏聞玉帝言來和天尊祈子望推道德優崇矢願救民

者以應明時玉帝御通明殿顧視班中見第三位赤脚仙

回魏野

王希

微笑即命其降生治世。帝傍有赤脚十二仙。善願體大仙慈辯玉帝曰卿無多委當命二曲相輔乃降世深誨一笑之失故爾啼哭彌月時有青靈芝產床下自幼每喜赤脚帝思謙卦之義取名受益冬十一月陝州河清後月復清辛亥仲春帝祭后土於汾陰詔封后土皇靈地祇种放復從行帝至陝州聞隱士魏野名遣陝令王希召之不至野字仲先不求聞達彈琴賦詩號草堂居士與寇準善嘗贈以詩諷使謝政帝命工人圖其所居觀之深加歎息還京詔州城作孔子廟加封東嶽為天齊仁聖帝夫人為淑明皇后淵相為大靈蒼光司命真君聖帝五子長宣靈侯次惠靈侯和惠夫人三至聖炳靈王永泰夫人四居仁盡鑒師尊五佐靈侯徽

李主簿　金天王

惠夫人女爲玉女大仙封南嶽爲司天昭聖帝景明皇后
嶽相爲慶華紫光注生眞君西嶽爲金天順聖帝肅明皇
后相爲素元耀魄大明眞君北嶽爲安天玄聖帝靜明皇
后相爲鬱徵洞淵無極眞君中嶽爲中天崇聖帝正明皇
后相爲黄元大光含眞眞君加封四瀆江瀆神爲廣源順
濟公河瀆神爲靈源弘濟公淮瀆神爲長源侯濟公濟瀆
神爲清源漢濟公又封灌
口二郎爲清源妙道眞君壬子春正帝命葉藏質往太乙
投龍二月有選人李主簿者新婚東出關過金天王廟守西
嶽之神行宮將妻入謁拜未終忽氣絕惟心微暖舁歸客邸馳
馬詣華陰縣求醫術人縣宰曰葉仙師奉詔投龍回去此
不一驛公何疾往迎之自能救也李單騎馳去約十五里
遇之李伏地流涕檄拜具言葉師曰何物妖魅乃敢及此
遂與李先行謂從者曰鞍馱速驅來至舍已聞哭聲師入

見曰事急矣且將墨筆書一符焚香以水噀之符北飛去聲如飄風良久無應師怒又書一符其聲如雷亦無驗少時鞍馳到持朱鉢及筆令李左右捧少許薄粥以候其起乃朱書一符噴水叱咤之聲如霹靂須臾口鼻有氣眼開能言問其狀曰初拜時金天王曰好夫人第二拜曰留取令扶歸院適已三日親賓大集聞敲門門者走報王曰何不遂却符也第一逡巡門外鬧甚門者數人細報於王王曰且發遣符第二俄有赤龍飛入扼王喉纔能出聲曰放去遂有人送出王連呼可惜符第三李罄囊謝之葉不受曰可傳語世人女子切不得入靈廟遂同京復命帝更欲加恵孤寒

四林逋

五知圓

六遵式

視此覺千頭木奴之俗。

七李及

八李敬方

賜杭州處士林逋粟帛。逋字君復，少孤，力學，恬淡好古，不趨榮利，善行書，詩多奇句，而不存稿，與孤山法師知圓、慈雲懺主遵式友善。知圓號中庸子，自作祭文挽詩，三日而滅。景祐中，啟塔，爪髮俱長，容紅，微開，齒如珂雪。遵式焙土厚葬如陵。式通二氏，憐念塚魂無依，常作法事度拔，壽至百三十歲而化。逋結廬孤山，足不及城市者二十年，植梅三百六十株，日以自給。時泛小舟，遊西湖諸僧寺。客至，童子啟樊縱二鶴於雲霄為候，逋即棹舟歸，自謂梅妻鶴子。李及知杭州，嘗冒雪出郊，訪清談至暮而返。後逋將卒，有茂陵他日求遺稿，猶喜曾無封禪書之句。門人刻其詩，納壙中，為墓於廬側，賜謚和靖先生。徽州刺史李敬方慕逋，常遣人候問。敬方初患風疾，聞黃山紫石峰下有湯泉，熱可點茗，唐大曆中，

五

薛邕　康肇　高麗王詢　契丹開泰

欽州刺史薛邕就立舍宇大設盆斛病無輕重浴者皆愈仙經云山石出硫黃朱砂其水即熱春時水紅氣味香美敬方至湯池浸浴感白龍現風疾遂瘥乃造白龍堂勒銘於石請僧住持因號湯院及通卒爲建茅亭於孤山每入朝必憑弔時契丹通好帝命敬方往報之契丹闘高麗將其高風

康肇弒其君誦方誦兄詢契丹主問罪執斬肇詢奔平州

壬子改元開泰宋帝更作五嶽觀冬十月帝言聖祖降延恩殿詔告天下肆赦加恩作景靈宮太極觀於壽丘以奉之避趙玄朗諱改謚孔子爲至聖癸丑春詔有司於建安軍鑄玉帝聖祖太祖太宗像三月始成以丁謂兼迎奉聖像使奉安玉清昭應宮甲寅春正帝如亳州謁老子於太清尊號曰太上老君混元上德皇帝帝還京大赦乙卯春正帝詣昭應宮奉表上

玉皇聖號曰太上開元執符御曆含眞體道玉皇大天帝

復大赦樞密直學士張詠卒諡忠定○詠尚氣節自號乖崖少

與青州傅霖善及顯求三十年不得詠知陳州一日遣訪

傅霖

門吏白霖請見詠責曰傅先生天下士汝何人敢名延入

問昔何隱今何出霖曰子將去故來別後一月詠卒霖字

甘民焦山傅陵喬鳳尚清虛嘗訪道至蜀遇孫知微授以

道要修成知微謂曰張乖崖向欲見我因其志在匡時故

違其意今彼將辭世子可一往以見他月交情故霖至陳

前詠在蜀雅慕知微終不可致及還朝出劍閣一村童持

馬知節

思邈畫進乃子房從赤松遊圖詠知其招隱不能從後馬

知節守成都遣訪辭僉幕以贈思邈即繫之芋袍標韻蕭

散人皆謂

二十四代

王欽若自以深達道教開天師張正隨有道言

李青連

張正隨

於帝遣使往召正隨字賓神自號信州道士○性質直敦樸不與俗接

吳道士

眞內春應召至京見帝於凝光殿御制曰

朕嗣守宗祧欽崇天道荷乾坤瑞應闡河洛珍符思與

至人共參妙道爰稽得靈蹤於金闕垂法統於後昆竊

稱嫡孫紹承實學茲啟先天之秘以誘後覺之民猗歟

鑒觀疇世仁壽肆頒徽號益衍玄猷賜號眞靜先生

欽若爲奏立授籙院奉勅改眞仙觀爲上清觀蠲其田租

遣中使送還後年至八十一而化是冬种放卒穆修曾問象學於放

每不足於張氏謂爲鬼道丙辰春岳州玉仙觀爲天火焚

焚惟留一柱有謝仙火三字倒書而刻之有司申聞丁謂

以問穆修不識有吳道士過𨔵西拜見何仙姑問之姑曰

謝仙者雷部之使上帝以下方紛紛起建無益祠祀故遣焚之。後吳道士檢閱道藏果有謝仙火云。時西戎吐蕃以中國君臣惑於鬼神遂侵邊鄙。知秦州曹瑋彬子大敗之。自夏及秋飛蝗蔽空帝從李迪之言罷諸營建得雨蝗赴海死。丁巳春帝詣玉清昭應宮上玉皇及聖祖寶册大赦改元天禧。以王曾兼景靈觀使辭不受。王旦多疾力求避位臨終曰我惟不諫天書之失。諡文正。是冬拱聖營之西南營卒有見龜蛇者因就建眞武祠。戊午夏閏月皇城司言泉湧祠側疫癘飲之多愈。詔即地建祥源觀。任布言不宜以神怪術愚俗不報。京師訛言妖巫。知應天府王曾令夜開

楊億
楊文逸
懷玉山神
契丹
太平
宋仁宗
禎

里門有倡言者即捕之妖亦不興己未春寇準奏得天書於乾佑山帝迎入禁中以準同平章事丁謂參知政事秋八月大會道釋於天安殿九萬三千八十六人冬十一月帝謁景靈宮享太廟祀天地於圜丘大赦庚申翰林楊億卒字大年楊文逸為玉山令夢懷玉山神來訪覺而億生七歲能文官學士時稱良史是四月天有兩月並見於西南帝忽得風疾丁謂力譖準罷其政封萊國公以謂同平章事辛酉春以孔聖佑襲封文宣公時高麗西夏致貢於契丹元太平壬戌宋改元乾興二月帝崩在位二十五年壽五十五歲太子禎即位受益更名是為仁宗時年十二太后聽政王曾正色立朝詔以同平章

呂夷簡 魯宗道 劉遁 錢惟演 謝絳 尹洙 歐陽修 郭延卿

事呂夷簡子蒙亨魯宗道參知政事貶謂崖州司戶參軍交通女巫妖誕坐貶初謂爲鄱陽倅有秀才謁曰吾唐呂渭之孫觀君狀貌大似李德裕他日出處皆如之謂又與劉遁善有他時駕鶴遊滄海同看蓬萊島上春之句贈謂及是遁候謂於僧耳方悟爲異人與之泛海而飲曰成子詩讖欲求其道遁辭不知遂別去錢惟演爲西京留守通判謝絳掌書記尹洙推官歐陽修一時聞人率僚屬出遊屏騎訪梨延卿郭年八十餘野逸保陋茸幽亭藝花木自娛對客小酌既而吏揖於前始知留守相公郭笑曰不圖肯訪野人逆之門曰老病不能造謝希勿訝也惟演等登車茫然自

天聖

宋郊

二宋祁

經吾

倩桃

失曰彼視富貴爲何物耶歎息累日惟演入爲樞密使秋
八月葬眞宗於永定陵以天書爲殉高麗王詢卒子欽立
癸亥改元天聖崇天曆成頒行詔禮部貢舉以宋郊爲第
一初郊與弟祁同業太學有胡僧經吾州之曰小宋當大
魁天下大宋亦不失甲科後十餘年春試畢郊復遇僧
舉手曰公丰神頓異必嘗活數百萬命郊笑曰貧儒何力
及此僧曰不然肖翹之物皆命也郊俛思良久曰旬日前
堂下有蟻穴爲暴雨所浸羣蟻環繞穴傍吾戲編竹以渡
得非此乎僧曰是也小宋今年間當首捷然公終不出其
下二宋私語曰一歲安得有二魁及唱第祁果魁進
郊第三太后謂弟不可先兄乃擢郊第一改祁第十閏九
月故相寇準卒於雷州初太宗得通天犀命工爲二帶一
以賜準及是遣人取自洛沐浴具
朝服束帶北面再拜就榻而歿旣歸葬西京道出荊南公
安縣人皆設祭於路斫竹插地挂紙錢焚之踰月枯竹盡
生筍衆因立廟號竹林寇公祠詔謚忠愍公初南遷時有
妾倩桃病將死向公曰公前世仙人刻今緣盡當別但求

閻浮提 婆王 千家將 碧騾 夏竦 晏殊 范仲淹 近輔得龍卵 年大河泛濫 部遣之出 我有龍湧水 入寺抱卵而 去蓋金爲水 所淹仲淹以 龍爲鱗

葬杭州天竺寺側人亦將徽爲地下閻浮提婆主卽閻羅
主不久復有正人交代旋還本地也公歿三年家將見儀
從甚多騎一碧騾如飛北去家
將問馬上雲官云向泰山彙報江西俗尚鬼多爲巫覡惑
人病者不服藥而聽命於神時夏竦知洪州索部中得一
千九百餘家勒令還農毀其淫祠以事上聞詔禁巫邪甲
子秋帝臨國子監謁孔子以竦爲樞密副使晏殊知應天
興建學校爲諸州倡延范仲淹以教生徒仲淹字希文吳人
幼孤鞏粥苦讀於長白山醴泉寺偶於寺中得金窖語僧
出而修寺寺服其有守敦尚風節殊深器之薦爲秘閣校
理夏竦始爲台州郡佐山水横發率僚屬禱於山椒忽見
黃衣道士冒雨而來衣不沾濕自竦曰若遂修道可登眞

能大小幽明眷分登天秋分入川今非時害民國家廑有北患

○法珍

鱴蛺不荅道士笑曰亦須倖極人臣言訖而去水亦隨退蓋呂祖欲往江州見蛺心處故晤之至匡廬酒肆見剖魚作鱠謂曰能令此魚再活以藥一粒納魚腹復跳擲剖者驚放於江悠然而逝廬山開元寺僧法珍坐禪二十年頗有戒行呂祖往問坐禪可了道乎珍曰然道人曰佛戒貪嗔淫殺為甚方其坐時自謂無此心矣及遇景觸物不能自克則紛飛莫禦吾向遊一寺以劍化一艷婦人寺僧行纔觀神馳志奪一僧獨不顧遁出似不動心者吾以為可教出觀則已候而挑之乃知欲之莫能遏也因與珍歷雲堂見一僧方酣睡謂珍曰吾偕子試觀此僧坐未幾見頂

門出一小蛇長三寸餘緣床左足至地遇溺唾食之復從溺器飲出軒外渡小溝繞花臺若駐玩狀復欲渡一溝以水溢而返祖當其來徑以小尺插地蛇見之畏縮尋別徑至床右足而上還入僧頂遽驚覺問訊曰吾適一夢與二子言之初從在門出逢齋供甚精又飲美酒因褰裳渡小江逢美女數十恣觀之將渡一小江水驟漲不能往而返逢一賊欲見殺走捷徑入右門遂覺祖大笑出謂珍曰人之夢寐幻妄聽醒無二也此僧性毒多嗔薰染變化已成蛇相他日瞑目即受生於蛇矣可不畏哉吾子精恍可以學道珍即相隨祖授以丹訣令潛修於青牛谷謂曰昔洪

志乘青牛冲舉於此。道成當來引汝。祖復遊於山之寂眞

傑用晦

覩臨砌淬劍道士侯用晦心異之。以酒果召飲。謂曰。道貌清高。必非風塵中人。祖曰。且劇飲。無相窮詰。既醉。以筯頭書磨劍詩於壁。

欲整鋒鋩敢憚勞。淩晨開匣玉龍嗥。手中氣概氷三天。

石上精神蛇一條。姦血默隨流水盡。凶頑今逐漬痕消。

削平浮世不平事。與爾相將上九霄。

初視若無字。既而墨迹燦然。直透壁後。侯驚拜。問劍法。曰。道劍出入無形。法劍則以術治之。者此俗眼所共見。第能除妖祟耳。侯曰。戮奸人於稠衆中。得不駭俗乎。曰。人以

陳堯佐
陳省華
馮夫人
許申
姚娘
南平王
李公蘊
交阯王
李德政

神爲母氣爲子神存則氣聚但戮其神人將自沒或有假手於人皆此類也言訖擲劍於空中化爲青龍跨之上升侯乃篤志自修後亦得解未　帝以陳堯佐爲樞密副使閬州時煉既爲參政已應仙許人父省華官諫議陳摶謂曰君嘗有三子皆名將相時未果有子妻馮氏每夜焚祝曰不求金玉貴但願子孫賢後果生三子長堯叟舉進士第一同平章事謚文忠次堯佐嘗三守廬州以言事忤旨通判潮州有[illegible]子濯於江鱷魚食其子堯佐命二吏操網往捕鱷就網入皆稱異此於昌黎又權知惠州攜潮士許申偕行艤舟江干夜聞騎從數々驚呼云丞相與漕使會宿於此明旦訪之有漢姚氏女死節祠後爲相致仕自號知餘子謚文惠申舉賢良累官漕使李堯咨歷官節度使以氣節自負善射號小養由基謚康肅南平王李公蘊卒詔其子德政爲交阯郡王冬十一月日南至范仲淹疏請太后還政出爲河中通判庚午夏五月河南磁州奏賀蘭眞人奇

蹟賀蘭號棲眞喜伏炁不火食或時縱酒能啖肉數斤始居嵩山後徙濟州眞宗曾召見問以點金之術對曰臣願陛下以堯舜之道點化天下方士僞術不足爲陛下道也眞宗悅賜號玄宗太師尋請還山居磁州山中至是謂弟子曰將遊海上不復返矣乃坐而逝道君以正心示徃以端化

和靖之高風逸致勝於魏野五柳先生庶幾近之或曰眞宗之降將以開理學也乃封二講祠殊非孔氏宗旨然其追尊宣聖諸賢皆所以昌文運也故文章理學太儒蔚然興起

萊公澶州却虜眞仁者之勇自是南北休兵幾及百載蒼民被澤而世忘其功所以顯其精誠於雷陽之竹

○○同先生諸方顯化　○○曹國舅二祖傳經
時有人見其下山望東南去迨入山始知所見者乃陽神
也太后遣內侍往祀號其山爲賀蘭帝欲求訪仙眞恐招
二十五代
物議思先帝曾召漢天師之後張正隨因亦遣使往召龔
○張乾曜
有所聞時嗣教眞人乾曜字元光端靜寡言篤志內修應詔
赴闕帝問冲舉事對曰此非所以輔正教也陛下苟能返
之以樸行以簡易則天下和平神功澤物道在是矣帝嘉
之賜號澄素先生又問卿有幾子對曰長子傳道次子業
○張見素
儒召其次子見素爲將作監主簿乾曜辭還見素仕非所願後以衛尉寺丞休官隱居鄱陽東湖子孫遂家焉是秋初置武舉辛未夏聞帮丹圭隆

契丹主 宗眞 景福 孔道輔 宋 明道 契丹 重熙 夏王 元昊 景祐 曹后 孔宗愿 夏 廣運 夏 大慶

緒殂、其子宗眞立、爲興宗、改元景福、遣孔道輔孔子四十五世孫、如契丹祭賀賜宴、優人以文宣王爲戲、道輔責以大義、契丹默然、壬申春宋改元明道、契丹改元重熙、吐蕃請降、詔爲寧遠大將軍、夏王趙德明卒、子元昊嗣、契丹冊爲夏國王、癸酉春、劉太后崩、帝始親政、追尊李宸妃爲皇太后、廢郭后爲淨妃、玉京冲妙仙師、居長寧宮、中丞孔道輔率諫官十人諫之、皆黜知遠州、甲戌、改元景祐、立曹彬女孫爲皇后、乙亥春、育宗室子宗實於宮中、太宗曾孫、以王曾平章事、是冬孔聖佑卒、詔其弟宗愿襲封、詔錄五代及諸國後、丙子、夏元昊改元廣運、寇環州慶州、丁丑、復侵吐蕃、悉有夏銀、改元大慶、遣使詣五臺供佛、窺河東道路、戊寅、遂稱帝、國號夏、爲夏景宗、改元延祚、是

寶元
韓琦
文明之象
星繹
新知軍

歲宋爲寶元元年右司諫韓琦爲地震奏免宰臣琦字稚圭安陽人弱冠及第方傳臚時太史奏五色雲見朝臣俱賀得人琦在諫垣遇事敢言皆切時事冬十一月沂公王曾卒贈侍中諡文正前月有大星墜地曾自知其兆語於家人至是端然而逝子繹克紹父烈己卯冬孔道輔卒於貶所帝追悔有言婁守堅之語帝疑韓琦爲文曲遣使至楚州宣問守堅在安東有新知軍入境堅告弟子曰緣盡矣明月知軍來乃堅不往命焚之亦不動忽雲雨滅火口出白烟自焚獨留目睛與舌根不化其徒檢而葬之使至詢知帝意徒曰師曾言韓公乃文昌宮中來者文曲武曲自有其人也係

獲青

回後養

安巡檢指揮使狄青字漢善騎射從征皆克捷臨敵帶銅面具披髮出入賊中披靡莫敢當至是擊走夏寇加秦州刺史時呂祖遊秦州天慶觀適道流悉赴隣院醮席獨一小童在欲求筆書壁童辭以觀堂新修戒毋汚染祖白但煩貯火殿爐欲禮三清童既往見殿後池水清沘以瓜畫壁曰

石池清水似吾心。剛被桃花影倒沉。一到邦山宮闕内。

消閑澄慮七絃琴。回後養書呂先生反對

往來陝地假爲貧墨至鳳翔入天慶觀作詩題壁云寓言未遇第一等人也

得道年來四百秋。不曾飛劍取人頭。玉皇未有天符至。

富弼
康定
十种世衡
慶曆
十王沿
十龐籍
孫明復
石介
回叟

且貨烏金溼世流。

復去遊西川庚辰元旦日食、知諫院富弼請罷宴徹樂改元康定命夏竦經畧陝西鄜州將种世衡城青澗教民習射寇不敢犯辛巳改元慶曆分陝西為四路以韓琦王沿仲淹龐籍領之籍命狄青於要害築城悉復所亡之地仲淹撫綏環慶諸羌親愛之泰山孫明復以春秋教授道高德邁國子監石介曾師之仲淹偕富弼薦於朝與介並為直講介字守道有學行抗直敢言有方士回叟上謁出詩曰

高心休擬鳳池遊朱紱銀章寵已優莫待禍來名欲滅林泉養浩豫為謀。

蔡襄

王素

余靖

凌景陽

蔡高

介遜謝延以酒食曰將夕吏辭去癸未帝以蔡襄歐陽修王素子知諫院余靖爲右正言襄字君謨仙遊人初縣尉捐二童來謁謂曰可善撫之景陽見其眉目踈秀非凡遂引歸衙會課以經藝秩滿屬犬守置之郡學後俱擢上第即襄與弟高也歐陽修每贊其政字文章獨步一代襄爲泉州守憫海渡歲溺死者無算欲壘石爲梁慮潮漫不可以人力勝乃移檄海神遣一吏往吏意入海必死乃酣飲海濱將以醉自投及醉不能興睡於厓恍惚入海神謂曰歸語邦君好建功業亟歸仙山無戀富貴也吏遂醒視文書已易封矣奔還呈於襄具述神言啟視惟一醋字襄悟曰神其令我廿一日酉時興工乎至期潮果退舍遂跨洛陽江駕之八日工成長三百六十丈廣丈有五尺費金錢一千四百萬初名萬安橋後號洛陽橋

京師久旱帝遣使禱祠嶽瀆又遣內侍賫金龍玉簡往南昌西山投天寶洞羣臣請帝親禱於郊帝曰太史言月二日當雨將以是日出禱王素曰臣非

胡瑗

杜衍

滕子京

蘇舜欽

邵竦

太史然度是日必不雨帝問其故素對曰陛下知其且雨而禱之應天不以誠故也帝竦然詔明日詣西太乙宮命素扈從日甚熾埃氛翳空比車駕還未薄城大雷電而雨

甲申夏帝謁孔子再拜作太學聞湖州教授胡瑗訓人有法詔取其法著為令式乙酉春仲淹杜衍富弼罷仲淹至孝寬和好施予置義庄以贍宗族海内無不敬慕去年滕子京謫守巴陵政暇修岳陽樓成馳書仲淹請為之記蘇舜欽書石邵竦篆額時稱四絶有道士來遊風骨聳秀談論俊辯口占詩贈子京曰

華州回道人來過岳陽城別我遊何處秋空一劍橫

子京與論名勝、引道經云、兩火一刀可以逃的係何所道、
士曰肯剡中諸山可以避災也故漢晉以來多隱逸之士
括蒼天姥是其處子京曰按會稽集天姥在剡之東鄙接
天台華頂峰脈入括州何云吳地道士曰禹導吳江會諸
侯於郝山秦置會稽郡屬吳其郡治多靈異老子枕中記
言吳之華山可度難山半有天池產千葉蓮服之羽化余
將暫作彼山之伽藍也信宿而去子京繪其像供於樓舺
欽字子美豪放不羈御史劾斥之乃遊吳門寓居城南築滄
浪亭以自適樞密副使韓琦出知揚州歐陽修遷知滁州
政暇作醉翁亭寄情山水士皆樂與之遊宣城梅堯臣字

俞家貧好飲日課一詩有宛陵集修作序以美之當塗郭

三郭祥正

祥正字功甫母夢李白而生少以詩名堯臣一見歎曰眞青蓮後身也所居有醉吟菴知慶州尹洙博學有識度自唐

四文彥博

來文格卑陋洙與穆修復振起之嘗言文彥博有將相才

禱雨三應
赤脚行深

未幾卒士都哀之丁亥夏帝禱雨是日炎赫却蓋不御及

王則

還雨大浹貝州卒王則據城叛貝冀俗尚妖幻相與習五龍滴淚等經則刺福字於背其黨妄傳天成衆信事之遂作亂有狐妖爲助僭號東平郡王(改年德勝)官兵屢敗戊子春

十明鎬

以彥博爲河北宣撫使明鎬副之先是王則聞民間趙氏

趙氏女

女有殊色劫致之欲納爲妻趙女罵賊求死則不忍殺使

人守之趙紿賊曰必欲妻我宜擇日禮聘賊令先歸具聘
禮盛儀從隨往迎之趙與家人訣登車至州廨揭簾已縊
死賊怒命棄屍於野家人至夜潛往收殮其體尚温舁回
五更乃甦具言死時見一仙女携至一山宮殿崇麗殿上
端坐一眞金冠纓絡錦衣繡裳旁列侍女無數皆佩劍執
幡幢節旄之類女再拜上眞曰趙氏貞潔可登仙籍但陽
禄未終宜令却回不日南極仙翁來至妖黨遂平也仍命
送歸於路問何神聖仙女曰中條九天玄女也予奉命至
此禁攝妖氛見汝矢志全貞故特相救女得生父母携潛
山野至賊平始出而言之彥博字寬夫介休人方舞象之年侍尊人監稅閬州有紫

㊂何守貞 ㊃多目神 十龐訛 夏王諒祚 皇祐 一陳執中 ㊄唐介

極宮道士何守貞興之曰公南極之霊降而為
國申甫非常人也因自號南極真子與此益徐奉命征則
帝欣然曰貝宇加丈為敗卿必擒賊初至賊飛上石來擊
中條法禁
賴多目神撒座却之賊屢施妖術不驗明鎬穿地道入城
擒則斬之改貝為恩州以彦博平章事夏國主為子所弑國舅
龐訛謀誅逆子立其少子諒祚告哀於宋己丑改元皇祐
河北東京大水流民就食青州知州事富弼設法救之活
五十餘萬人仲淹謂有王佐才平章陳執中求罷以宋庠
郊改名平章事庚寅秋大享天地赦召胡瑗定雅樂辛卯侍
御史唐介疏劾首相彦博帝震怒蔡襄趙救貶介於外直
聲震闕壬辰夏汝南公范仲淹卒謚文正所至有恩皆畫像立生祠其卒也哀號

蘇州人劉翊字子仰企道德爲太上所嘉遇老君遺教黄庭授隱地八術服五星華法號元陽子仲淹少與之遊得其指歸仲淹初見狄青曰良將材也授以左氏春秋由是折節讀書廣源州蠻儂智高寇陷邕州青請行癸巳元夜大敗智高廣南悉平召爲樞密使何仙姑返旆故鄉喜悉寧定素知帝與將相從來因入汴化女嬰見帝於便殿大言曰祖積孫報理所當然太宗之於六親應三世而斬帝之仁政溥博非特國祚延長可期嗣續呂師受鍾祖之道設玉線籍引掖後學予將以正法乳子以復其初帝即請問仙道嬰曰先王美道禮貴於和孔子儒林之聖百世

【正和】衍聖公封號始此、縣名可證同源、

⑫范鎮

宜宗若夫出世大道子姑勉以伺之遂隱去帝問左右皆無見聞自後常來談道云子以玉線度入金鍼德行首推故傳至道甲午改元正和乙未改封文宣公世愿為衍聖公孔子四十七代孫仍令世襲及知仙源縣（曲阜改名）如故夏月旱知諫院范鎮論陳執中不病而家居宜速退之以弭天災時執中建甲第於東都延親朋為樂有襤褸道士來謁執中問何技能曰有仙樂一部奏以侑席腰間一畫軸懸之繪仙女十二道士呼使下皆累累前列兩女執幢幡以導餘女奏樂皆麗質嬌音頂七寶冠衣六銖衣金珂玉佩轉動珊然鼻上各有黃玉一粒如黍而體甚輕虛與生人不類

谷客

音樂清徵烟霄曲調特異陳問何物女子曰此六甲六丁玉女人學道成則可有此公亦願學否陳以爲幻惑道士饋諸女曰可以去矣伺悉上軸卷而呑之作詩曰

曾經天上三千劫又在人閒五百年腰下劍鋒橫紫電
爐中丹焰起蒼烟纔騎白鶴過滄海復駕青牛入洞天
小技等閑聊戲爾無人知我是眞仙　谷客書

儀出門不見洸中悔恨幾欲抉目遂卒富鄭彥博同平章事葬丹使至王德用與之較射矢俱中的使曰公爲樞密富文爲相將相得人矣德用名聞四夷未幾卒侍御史趙抃彈劾不避權倖時稱鐵面御史每言北人恭而有禮願相和好

葬丹道宗

清寧 交州李日尊

曾志靜

以靜生民是秋葬丹主殂子洪基立為道宗改元清寧是冬交州李德政卒子日尊嗣為王江西吉安有司奏曾志靜仙去公亮從叔少不御酒肉端毅寡言去為道士遇異人授以道術杜門辟穀十餘年異人來視曰未也別去數年復至曰可矣乃告曰余唐末聶師道也當於南嶽候子余春二月志靜告其徒曰九月當遊衡山至期正坐而化弟子葬之有自衡來者持志靜書勉其弟子勤學帝聞之曰儒崇道德釋尚虛無道貴真常三教之理統歸一道道乃至尊作尊道論帝性本慈儉凡大辟疑者必令讞上所活甚多進食未嘗過奢每退朝恒靜坐寢殿精思治道丙申改元嘉祐

包拯 曹景休 曹景植

以龍圖待制包拯權知開封府吏民為之語曰關節不到有閻羅包老以其笑比黃河清時皇后有二弟長名景休不親世務弟曰景植恃勢妄為帝每戒飭不悛常不法殺人至是包拯按之伏罪景休深以為耻遂隱跡山巖葛巾野服矢志修眞一日鍾呂二師來問曰聞子修養所養何物對曰養道曰道何在景休指天曰天何在景休指心二師笑曰心即天天即道子親見本來矣遂授以還眞秘旨令其精煉未幾道成二師引入商山朝謁師祖王君山童出田李晏種玉子於山賣諸童寶往賭於青城也種呂復

邑邛人

挈追尋巴邛人家有橘園因霜後諸橘盡收餘有二大橘

如三四斗盎巴人異之聞於官卭令命攀摘輕重亦如常橘剖開每橘有二老叟鬚眉皤然肌體紅潤皆相對象戲身僅尺餘談笑自若無有驚怖決賭訖一叟曰君輸我北海龍神第七女髮十兩智瓊額黃十二枚紫絹帔一幅絳臺山霞實散二庾瀛洲玉塵九斛阿母療髓凝酒四鍾體態輕盈二娘子躋虛龍縞襪八緉後日於王先生青城草堂還我也一叟欠身曰橘中之樂不減商山但不能深根固蔕爲摘下耳又一叟曰僕飢矣須龍根脯食之一叟即於袖中抽出一草根方圓徑寸宛轉如龍毫釐罔不周悉削而分食隨削隨滿食訖以水噀之化爲龍四叟共乘之足

下泄泄雲起須臾風雨晦冥不知所在景休至青城執贄
拜見王君謂曰子當如汝二師勤行曉濟勿如予等散誕
也景休即出度世先入都持拍板歌曰
歎人生多忙亂火宅塵緣日相縈絆驀地喉中三寸斷
怯魄神魂自此俱消散狂妻兒哀切喚萬句千聲更不
回頭看饒你在生多計算計在荒郊失了惺惺漢驚世覺人

宋至此而文明大啟五色雲現其離宮之精釆乎
呂祖之於石介憐其忠直故以詩覺之蓋剛果之人入
世易於取禍出世易於成道也
俗有洛陽橋傳奇謂大士助力純陽擲金謬不足言而
蔡之來自仙山則非無據所以海神効力大功克成
文正岳陽樓記仙筆也以呂祖真像配之僕可不朽
冀北陰地妖寇陰類得南極之陽光一照風霾頓息

三

辛妃

張仙

新刻黃掌綸先生評訂神仙鑑三集卷之十九

新安融陽亦史程毓奇續

鳳翔尚絅一貞王太素贊

包山玦樓原本

○○○行遁甲栝旄七皆○○○出陽神易折瓊花

文彥博聞是言。以老求罷。封潞國公。戊戌夏。韓琦平章事。乘間

以皇嗣爲請。帝曰。後宮將有就館者。姑待之。曹后極賢。常

遣內侍禱祈名山。縱宮人近帝。偶幸辛氏有娠。特進貴妃。

帝晝寢。見一美男子。粉面五髯。挾彈而前曰。君有天狗守

垣。故不得昇續多仁政。予爲彈而逐之。帝請詳其說。曰。予

桂宮張仙也。天狗在天揜日月。下世啗小兒。見予則當避

去帝頓足而驚即命圖像懸之自後民間無子者皆寫張仙像焉后命帝又萬歲有不諱葬丹西夏窺伺方殷豈孤寡所能任乎乃豫計生男當諱云女及產得男傳報生一公主帝撫膺長歎累日不食踰月后偽言帝兄鄴王後宮爭寵夫人命喜其子因收鞠之帝賜名宗延留養宮中后欺名義暗合包拯為御史中丞言太子天下根本帝曰卿欲立誰拯對曰臣為宗廟萬世計爾臣今年七十且無子非邀後福者帝喜曰徐當議之己亥元旦日食帝念乏嗣由先朝之故乃以太祖孫十三人為各郡刺史封周後柴詠為崇義公放宮女不願留者西京留守王拱宸薦河南隱士郡雍當世

遺逸博學通玄先天易數得羲皇之術帝遣使召爲將作
監主簿雍辭不至雍字堯夫范陽人東陵侯裔孫父古夢一人張弓射
中其首適生子古曰張弓射中得非仲弓來興吾家乎遂
名雍頡異不凡蚤喪母嘗隨父遊衛州共城登蘇門山古
謂曰若嘗聞孫登乎吾所尚也卜隱山下雍自雄其才慷
慨欲樹功名於書無所不讀北海李之才名挺之攝共城令
曾受易於穆修聞雍之賢乃叩門勞苦之曰予好學篤志
果何似雍曰簡策迹外未有適也之才曰君非迹簡策者
其如物理之學乎他日又謂曰物理之學學矣不有性命
之學乎雍再拜願受業之才遂授河圖洛書六十四卦圖

[illegible][illegible]由是探賾索隱。妙悟神契。既而歎曰。昔人思尚友。而

晉猶未及四方乃踰河汾涉淮漢周流齊魯宋鄭之墟久

之幡然來歸曰道在是矣。遂衍伏羲之旨著書千萬餘言

獻宸爲之不起是冬帝再舉逸士雍至京師召入內殿賜

坐令推後嗣雍援易細推對曰已生太子於宮中何尚言

無帝曰卿慎矣所生者女耳雍曰皇后當知之帝不懌而

罷后深訝其神次日補雍潁州團練推官固辭不許特有

圈公

商山民鑿地得漢石數種有圈公角里字有司獻之以詢

角里

羣臣皆不知圈角之義帝問雍對曰古以圈爲園以角爲

角當即東園公角里先生也帝然之雍稱疾歸。竟不之官

一王珪
二陳升之
三王安石
蘇杲
一蘇洵
二蘇軾
蘇轍

遷居於洛蓮華環堵不蔽風雨雖簍空所怡然甚樂人莫能窺也洛陽牡丹有姚家黃魏家紫開時觀者雜沓雍未嘗寓自江都芍藥凡三十二種有金帶圍者不易得韓琦在郡時偶開四朵讌於花下王珪為郡倅王安石為判官陳升之以衛尉丞適至皆與席韓公摘花各簪一朵後四人相繼大拜人以爲花瑞辛丑以安石知制誥有文名士爭慕之惟眉山蘇洵著辨姦論以其不近人情必為大姦慝洵字允明味道之後父杲字公仲舉行陰騭文蜀地饑荒捐膏腴田三千畝濟活窮人無算洵年二十七始發憤力學與二子軾轍俱文才老世歐陽修得洵父子大喜曰後來文章當屬三蘇策賢

曾公亮　包繶　崔氏　包綖　陳烈

良方正。軾轍皆在舉中、以修參知政事、與首相韓琦平章曾公亮同心輔政。朝廷稱治。壬寅夏、樞密副使包拯卒。謚孝肅。子繶早死。媳崔氏蓬垢涕泣、矢志不移。拯嘗出一媵、於母家生子。崔密撫之、拯卒、取媵子歸、名綖。包氏賴以不絕。是秋、立宗實為皇太子。賜名。冬十月、詔福州處士陳烈為直講、不至。烈為人孝友、居親喪、勺飲不入口。學行端飭、動遵古禮、從學者常數百。少與蔡襄同硯席。襄出鎮福唐。烈造訪、聞其嚴。蔡遂題津亭曰。

溪山龍虎蟠、六月夜篝寒。殷勤囑舟子、移棹過前灘。

不進而返。襄出見詩曰、陳君敎我矣。自後皆從寬政。襄薦

英宗曙　高后　治平　司馬光　葬丹　咸熙　張英　神女

之不出、癸卯春、帝疾篤、皇后易書伏御榻謝罪、帝驚問、后
具道其由、帝泣曰、朕願畢矣、召宋延至、登床拂鬚、帝一笑
而崩、壽五十四歲、在位四十一年、太子曙即位、為英宗、立高氏為后、加辛
貴妃為太妃、封宗延為廣陵郡王、葬仁宗於永昭陵、甲辰
改元治平、帝從司馬光之言、放宮女三百二十五人、還其
家、乙巳、蔡丹改元咸熙、順慶有司奏稱二異、儀隴令張英入仙洞
不返、南岷山五即祈年穀甚靈、英嘗過承石、遇一女子絕
色、謂英曰、五百年夙願、當會於大儀、及是撫任半載、日夕
聞機聲、一日率部民逐聲而往、至大儀山、洞門半啟、前女
迎携而入、洞門即閉、見圓石一雙自門隙擲出、衆取歸中

遂不能舉即其地建祠塑像置石於腹有禱輒應英爲書生時師事豐邑李仲甫李服氷丹有効能行遁甲步訣隱形但聞其聲而不可見在民間二百餘年英從學其術仲甫言卿性褊急未中教然守之不止費用數十萬以供酒食殊無所得英患之乃懷匕首往先與之語依其聲所在騰足而生拔匕首左右刺斫仲甫在牀上笑曰我寧得殺耶我眞能死汝但恕汝頑愚不足聞耳英大驚下牀李使人取一犬來曰視我能殺否犬適至頭已墮地乃叱英曰能使卿如犬英伏地叩頭乃赦之仲甫有相識人居去五百餘里以張羅自業一旦羅得一鳥視之乃仲甫語畢別去是日已復至家後入西嶽不返英復師程太虛八酉克太

遼

神宗頊

向后

虛曰子合爲神仙猶未也拒而不教英退而仕進作令儀隴云太虛自隋時隱居南岷修道上有九井十三峯漢何岷隱此有二虎侍左右一夕遇大風雨於砌下得碧玉印每乞符祈年印以授之輒獲豊稔帝賜號道濟大師并令有司祀張祠內午春契丹號遼復帝命司馬光編歷代君臣事跡名通志帝疾韓琦請早建儲立潁王頊爲太子丁未春正帝崩年三十六在位四年太子即位爲神宗以琦爲司空兼侍中彥博兼中書令立向妃爲皇后以趙抃參知政事帝曰聞卿入蜀一琴一鶴自隨故有是命及其再任罷琴鶴止蒼頭執事抃字閱道氣守清逸人不息其喜慍自號知非子平生日所爲事夜必衣冠露香告天

八 熙寧

○孔若蒙

夏主秉常

九日山人

呂惠卿

章惇

張伯端

戊申元旦日食改元熙寧衍聖公宗愿卒子若蒙襲封夏國主諒祚殂子秉常立帝以陳升之知樞密院事升之建陽人母夢九日山神來謁而生初名旭避廟諱乃改安石參知政事議行新法詔升之安石領其事以呂惠卿章惇詳檢條例治平中邵雍與客散步天津橋聞杜鵑聲慘然不樂客問故雍曰洛陽舊無杜鵑今始至天下將治地氣自北而南將亂自南而北禽鳥飛類得氣之先者也不二年上用南士爲相多引南人專務變更自此多事矣時雍在洛忽謂門下曰明日有客來訪乃異人也誌之次日果有一人相貌清徹鬚眉朗然問之乃台州張伯端字平叔天台纓絡街人雍叩其所學云曾肆力

三陸銑

紫陽

馬處厚

於儒肄業國學久不第因玩佛書忽生擊竹之感頓悟無生之理浪跡雲水晚得混元之道未備是以遍歷四方訪求大道開先生蘊抱玄微故爾進謁雍曰非才藏拙衡門少知易理他無所長也相與細論先天玄旨伯端以參同契印合相符雍叩其年云八十二雍曰君無患不成道因緣當在西蜀伯端乃謝去時龍圖陸銑字彥夫鎮成都乃往依之署爲參議夙志不回初誠愈恪於己酉歲宿天回寺感遇青城丈人劉師傳金丹藥物火候之秘仍戒曰他日有與汝脫韁鎖者當授之伯端乃改名用成號紫陽往謁南謫郴運馬處厚得其贄財擇興安之漢陰山中修煉今之

韋全素

漢中紫陽[illegible]紫陽洞丹成遂返台州路經荊門遇一人飢病流離而所行淳朴乃與成丹少許教其用度而別吳郡有蔣生者[illegible]神仙弱歲棄家隱四明山下嘗從道士學煉丹葺爐鼎[illegible]斯鼓鞴積十年卒不成復遊荊門見有行乞者膚甚顇且寒噤不能語生憐其困憊解裘衣之因命執侍左右徵其家對曰韋氏子全素其名家於南昌屬年饑流徙荊江間病不能自振幸君子憐而容焉於是隨歸四明而性甚惰常旦寐自逸蔣生罵撻不計忽一日白蔣生曰先生學煉丹且久矣夫仙丹食之則骨化為金今先生神丹能化几上石硯為金乎生自慚以他詞拒之曰汝傭者豈知神

仙事全素笑而退後日餘於衣中出一瓢甚小顧謂曰此中有丹能化石成金願得石硯以一刀圭傅其上可乎蔣生以為誕妄怒詬曰吾學煉日久尚未窮其妙汝何敢嘵嘵譏語耶全素佯懼不答明日蔣生出命其守舍至晚歸全素已卒乃以簀蔽屍將命棺而瘞於野及撤簀而屍已亡去徒存衣履蔣生大異後日見藥鼎中有光探之得石硯其上寸餘化為紫金邊裏皆黄光甚瑩澈始悟真仙不識悔其術悉知丹非凡俗人可得乃歸吳易丹金卒業終身不復談爐火時天台有僧澄一修戒定慧能入定出神數百里間頃刻即到紫陽與之雅志辯合一日謂曰今日

[illegible]與遊遠乎、僧曰可、[illegible]同往揚州觀瓊花、江都自隋宮兵火又無瓊花既
[illegible]明[illegible]方遊道成仙[illegible]一[illegible]之名[illegible]花[illegible]入頃成二人即於靜室趺坐紫
陽至時僧已先繞花三匝紫陽曰可摘一花為記、少頃欠
伸而覺紫陽曰禪師瓊花何在、僧神手皆空、紫陽乃拈出
與僧把玩、僧歎服、弟子問曰同一神遊、何以有得有不得、
紫陽曰我金丹大道、性命兼修、是故聚則成形、散則成氣、
所至之地、真神現形、謂之陽神。彼之所修、欲速見功、不復
修命、直修性宗、故所至無復形影、謂之陰神。陰神不能動
物、非大道也、其後慕道求學者日至、紫陽謂之曰陽剛君
子之德、陰柔小人之象、仙道敗於陰柔、亦猶朝廷之壞於

滕甫　鄭獬　呂誨　范純仁

小人也自此中蓄陰私者稍引去時帝信任安石唐介每與爭辯安石强辯帝主其說介發憤而卒帝問知開封事滕甫以君子小人之黨甫曰君子無黨譬諸草木綢繆相附者必蔓草非松柏也帝以爲名言安石恐甫譏新法乃排之出以翰林學士鄭獬權知開封府事字毅夫安陸人少負俊才仁宗廷試時焚香祝天曰願得忠孝狀元已而獬爲第一立朝敢言以不肯行新法罷歸家徒四壁後病傷寒夢化龍浴於池聞池上人呼曰白龍翁來遂不起大洪山南有白龍池家貧子將藁殯僧舍及滕甫移知安州乃葬之中丞呂誨論安石十罪出知鄧州徙范純仁仲淹次子成都轉運使戒州

縣刻行新法性極寬厚得呂祖黄白之術資父義莊之需

石憝　有漁樵錄傳家初父友石曼卿字延年丹陽人、三喪未舉純仁慨

以麥舟相助及曼卿臨卒曰我死爲仙當主芙蓉城范氏

程珦　父子有以報之也安石怒純仁左遷和州以程顥權監察

程顥　御史、父珦生顥字伯淳及頤字正叔皆力學好古探求孔孟心

程頤　傳師事周敦頤遊學四方、博採窮蒐入蜀至大慈寺見治

周敦頤　篾箍桶者挾冊而觀、就揖視之、則易也篾者問曰若嘗了

治篾翁　此乎因論未濟二程爽然自失挽歸旅舍、質諸所疑酬答

三袁滋　如響問姓名不答徑去二程後謂袁滋曰易學在蜀滋乃

賣醬翁　往成都見賣醬薛翁訪問易學之士翁即爲講論、大有所

張載 李大臨 張戩

得仍謂㴱曰吾友治箴翁曾過公治南宮二子與之論易今余復過子亦不易也㴱歸述一程以為誕戒勿言帝數咨訪治道顥進說必以正心誠意為歸以張載為崇文院校書郿人字子厚少喜談兵年二十始讀中庸更求之六經常坐虎皮講易京師聽者甚衆一夕二程過訪與論易次日即撤座輟講令衆往師二程曰吾弗及也以安石用事移疾屏居南山下庚戌春韓琦請罷新法未幾解其任趙抃出知杭州罷知制誥李大臨等皆言新法者張載弟戩劾安石亂法亦然數日間臺諫一空帝召蘇軾問政令得失安石怒黜判杭州軾至任加意愛民設法置貲開田牧耕

道潛參寥子　辨才　秦觀

以養貧者造病坊置藥延良醫分治暇則流覽湖山陶情詩酒與智果院僧道潛爲友潛通内外典號參寥子軾於西湖築長堤造六橋傍值桃柳重浚大井軾三教兼通與天竺僧辨才善才結亭龍井上率徒環咒有大魚自泉躍出衆異之秦觀爲之作記。各士品題高僧𡵓迹

世傳韓湘子度昌黎有藍嶼仙姬一節豈知爲呂祖化軼中事如稗官所傳難於盡信也景休潔身慕道鍾呂度證天仙蓋知富貴人易於成道康節已至大賢地位但稱其數學則知之也小矣史衛曰。安石作鄞令夜讀至曉㪺面理爭雪晝寢之恥。陳處士一言啟蔡君和平之福宜爲呂祖所稱賞性屬先天爲陽命屬後天爲陰何以修性者反爲陰神蓋但修其性不識刀圭不配坎離不交龍虎終屬一團虛氣離宮不滿未復純陽何能使陽神出現乎先天之性必配後天之命而大丹始成也紫陽誠得眞傳者

(十四)范祖禹

浴室僧

○○○玉筌得術不得財　○○○邵子知數難知道

趙抃范祖禹皆敬其佛法范母夢一金甲丈夫至寢所曰吾鄧禹也產名祖禹字夢得時李大臨為江西轉運使過零陵訪何仙姑得道處姑現身謂曰金人志節千載流芳大臨揖問呂先生動履姑曰近日過此言欲客宜春與開元寺浴室僧相善喜其有道嘗贈以金大臨誌之袁州開元浴室有大井泉水清冽呂祖愛留於彼因與此僧款密僧撲野待之盡歡祖曰吾將遊荊襄贈墨二笏僧識之笥篋大臨至袁尋問曰呂先生嘗贈汝金乎僧曰前有道人贈我墨耳出墨示之金也僧駭曰聞先生能點鐵成金墨

墨錢刀

二太守

小吏

州倅

亦可爲耶大臨曰泥土瓦石皆可爲金豈特鐵與墨乎摩挲把玩欲以他金易之僧弗受以一筋轉贈僧晨夕盼其積案時呂祖徘遊武昌五代唐貨墨於市一筋僅寸餘索價三千錢衆笑揶揄日不售有鼓刀王某曰墨小而價高得無有意邪以三千錢求一筋且與劇飲醉歸昏睡午夜聞叩門聲乃墨客遣錢而去比曉視墨紫磨金也兩端各有口字遂棄業別營生理祖復過於鄂州治南亭前有棗樹相傳自唐來嘗實祖偶憩其下忽有實如瓜太守命小吏採而進吏性至孝親死無倚祖教其私啖吏從之食甫畢即飛去名仙棗一日太守與州倅方對弈有道人直前曰

吾國手也守試與弈纔下八子即曰太守負矣守曰子未盈局安知我負道人曰我已分據要津矣已而果然守負數局俄拂袖去守令尋之聞在郡治前吹笛及至則聞在東門至東聞在西門尋聲至黃鶴樓前道人來往日照亭不見亭中石鏡有題曰

黃鶴樓中吹笛時白蘋紅蓼滿江湄衷情欲訴誰能會

惟有清風明月知。 末書一呂字厶

守始悟爲呂仙改名呂仙亭 祖至黃龍山值禪師升座祖登擂鼓臺聽講師詰座下何人祖曰雲水道人師曰雲盡水乾何如祖曰嘆殺和尚師曰黃龍出現祖曰飛劍斬之師大

笑曰、出固不可以口舌爭也、遂與指明大道、祖留詩曰、

棄却瓢囊摵碎琴、大丹非獨水中金、自從一見黃龍後、

囑付凡流着意尋、

石智度

南遊韶郴、東下湘潭、至江濱、觀智度覺公禪學性源淳潔。與促膝對坐良久、謂曰、收光內照、一衲之外無餘衣、一鉢之外無餘食、達生死岸、破煩惱殼、方見佛衣寂寂無傳、禪理懸懸幾絕、扶而興者、其在吾師乎、作偈畢起、

達者推心方濟物、聖賢傳法不離真、請師開說西來意。

七祖如今未有人、

復至袁、入寺、僧衆迎拜、問壘何在、僧具告曰、大臨拱宸皆

吾故友也、遂授僧禪定之理、後亦度世、是冬王拱宸抗言更戍保甲之害、請免下戶從之、王安石同平章事、行募役法、司馬光言其病民不聽、辛亥、罷廣惠田爲青苗本錢、更定科舉法、專以經義論策試士、安石請廢春秋儀禮、詆謂斷爛朝報、以司馬判西京留臺、光歸洛、絕口不論時事、壬子富弼乞致仕、遂歸洛、時呂誨卒、歐陽修卒、諡文忠、癸丑春、彥博求去以司空判河陽府、時司馬光爲獨樂園、富弼亦作園亭以燕息、以邵雍寓居僅蔽風雨、諸賢共爲治第、扁其室安樂窩、雍號安樂先生、旦則焚香燕坐、晡時酌酒三四甌、微醺則止、春秋晴時、出遊城中、乘小車、惟意所適、士大夫家識其車音爭相迎候董孺皆驩然曰吾家先生至也或留信宿乃去好事者別作一室如所居署曰行窩以候其至司馬光事之爲鄉里所敬及彥博至洛用白居易故事集洛中年德高者就富弼第置酒爲樂尚齒不尚官凡十三人富弼彥博席汝言王尚恭趙丙馮行己劉幾楚建中王慎言張問張燾王君貺司馬光諸老鬚眉皓白衣冠偉然每出遊都人隨觀之圖形妙覺僧舍謂之耆英會堯夫以好靜不與焉岐下陽平人王筌字子眞少師周敦頤既而篤好玄學遊東吳遇海蟾劉師拜求眞道師授金丹大旨謂曰陰眞君六五精微論云欲學此道須假貲財如無貲財金丹則不成也筌既得術無財下手遂入洛謁富弼直

吉相告弼許共貲給余精細二人應用置買藥物銓即隨閑靜煉十月道成見弼曰賴公之力而成公願學否弼以年老當無爲乃謝以胸不了了願俟異日銓曰將往匡廬送一道學師還山歎謝去故呂祖塗頭坯歌云

君不見洛陽富鄭公說與還丹如盲聾執迷不悟修眞埋安知潛合造化功

是歲六月知南康軍周敦頤卒初名敦實字茂叔道州營道人母夢王册隊懷而生初任分宜主簿有獄久不決敦頤一訊立辯邑人驚以爲神改知南昌吏畏民懷復知南康久而不樂築室於蓮花峰下前有溪取營道濂溪以名學者稱濂溪先生性愛蓮作愛蓮

二程學　二馬善　占侯玫

說鑿池於治後以極逝卒年五十七博學力行著太極圖說明天理之根
源究萬物之終始著通書四十篇發明太極之蘊深得孔
孟之原初司理安南程珦爲通判使顥頤往受業敦頤令
尋孔顏樂處所樂何事顥嘗曰自再見茂叔後吟風弄月
以歸有吾與點也之意侯聖學於程顥未悟敦頤留與對
榻夜談越三日還順見之驚異曰非從吾茂叔來耶理學
之精加於堯夫一等東都馬善少師堯夫三舉不第遂學
道與道者侯玫聖之從叔遊於汴見一羽士青巾布袍體骨秀
異面無塵濁善召飲食之侯性素嗔叱之羽士曰汝有何
陞侯曰飛符召鬼點石化金歸錢返壁羽士曰所爲皆非

正法侯問何能羽士曰能壯吾氣清吾神試觀之乃吐氣射酒肆去燭數十步而燭立滅復吐射侯面若驚風大發凜凜不可支馮侯起謝曰先生非凡人也幸見教羽士曰學仙須立功行侯曰弟子平生以藥濟人羽士曰子殺物命以救人命是殺彼以生此也不若止用符水愈疾語及曙羽士曰將返湘水之濱與子酌別於柳陰以金令侯市酒適無酒羽士以一瓶命侯取汴水投藥一丸立成美酒共飲大醉羽士留詩一章

三口共一室室畔水偏清生來走天下即是姓兼名

既別測詩意乃呂洞賓也皆大悔恨

回韓維
冊鄭俠
上韓絳
書蔡不盡
⊙王安國
⊙王安禮
遼
大康△

甲寅夏大旱學士韓維極言青苗之害鄭俠監安上門見流民疾苦繪圖上之翌日命維草詔罷新法民皆讙呼相賀（天人相感之速）是日大雨遠近沾洽安石求去乃罷相以韓絳平章事惠卿參知政事乙卯春編管鄭俠於英州秘閣校理王安國（安石弟也）與弟安禮曾師事張紫陽得虛心實腹之義安石嘗與惠卿論事於家安國於內吹笛安石謂家人語學士放鄭聲安國亦傳語曰請相公遠佞人惠卿銜之至是以與俠善亦放歸田里二月復以安石平章事時遼（改元大康）遣人來議疆事安石請割地畀遼詔從其言魏國公韓琦卒前一夕大星殞州治櫪馬皆驚帝自爲碑文（諡忠獻）公晚年

立巴陵太守

始延方士有道者鶉衣垢面求謁公意輕之問何能曰能
烹汞試令爲之即掘地坎而溲和揉坎泥爲壘曰成矣遂
去公取視乃良金兩端有口字破之徹理公知是洞賓追
悔無已尋卒歸天蓋引公　呂祖自離東都知巴陵太守清酷至
市過太守出故犯其節前驅執之置之獄令書拔日迫晡
無一辭吏趣之祖曰須我酒醒忽失去但遺詩曰
暫別蓬萊海上遊偶逢太守問根由身居北闕星杓下
劍掛南宮屋角頭道我醉來眞箇醉不知愁是怎生愁
相逢何事不相識卻駕白雲歸去休
吏呈之太守大驚夙興焚香謝過一日現於水盆亟召畫

(四)陳襄　(四)周希孟　(四)鄭穆　(上)王雱

者圖之與滕子京本絕類而呂祖已去遊於江南、十月、
有星孛於軫、詔求直言、安石曰天象占驗何所憑據、安禮
知開封府言由大臣壅遏致小民怨憤足以干陰陽而召
直指乃見妙、
星變、帝嘉諭之、直學士院陳襄少與周希孟陳烈鄭穆爲
友相與倡道海濱、人謂桓州四先生、累言新法不便安石惡黜之、
丙辰秋王雱疽發背死、安石悲傷稱病乃以使相判江寧、
悄然便服所由處壁上詩句甚多、語含譏諷內末句有云、
親見亡兒陰受梏、始知天理報分明、前爲子雱齋醮禮佛、恍惚見雱身荷枷杻、
囚首垢面、痛苦悲啼、驚詢樹翁、云是士子所作、俟拗相公至此、百姓
欲攢擊之、安石懼、乘月更行、居鍾山之半、倚佛消愆、常書

呂黃鶯

福建子三字、漏爲惠卿所誤、前詩乃玄聖命子游招仲弓還山知宰予罷相於路作詩諷責因往虞山省墓遍洞賓約以至期同往安樂窩祖在江南年餘常持簑笠綸竿敲短板唱漁家傲參以鳴榔之聲清音悲激如在青霄其詞曰

二月江南山水路李花零落春無主一個魚兒無覓處風和雨玉龍生甲歸天去。

或與錢不受與酒則不辭一日忽卒衆瘞之及擧惟空衣已後之廣陵閒妓者黃鶯以色藝名豪客填門甚爲秀才假宿鶯以襤褸拒之祖去題於屏曰

嫫母西施共此身可憐老少隔千春他年鶴髮雞皮媼

今日玉顏花貌人。

花開花落兩悲歡花與人還事一般。開在枝頭防客折。

落來地下情誰看。

嘗覩詩有悟。遂謝客入道。丁巳春、呂祖再至語以女金丹

旨。教先積氣於亂房。大抵以汞為主。以鉛為賓。教其下手

遠修。候于北度衆生水厄。南饒仲弓回山。然後來拯予也。

是秋七月。河決澶州曹村。凡灌郡縣四十五。幸水勢緩發。

二十八代

張敦復

一朱氏

得以還避。帝急遣使修閉。召信州嗣師張敦復齋醮。字延之榮

祖虛白先生次子。拱宸先生沖舉。撫嗣教。復神異。學識天成。衆推

以嗣教應召避關。命醮於內庭。時帝未有嗣。宮人朱氏將

誕帝密禱之已而果生子賜賚甚厚禮遣還山求幾卒號
蓀光先生九月處士邵雍卒雍天性高邁迥出千古而坦夷温
厚不見圭角新法行雍貽書門生故友曰此賢者所當盡
力之時新法固嚴能寬一分則民受一分之賜矣程顥嘗
與議論終日退而歎曰堯夫內聖外王之學也雍知慮絕
人遇事能前知顥曰其心虛明自能知之雍初靜坐忽有
風過占之遇兌再占外卦復遇兌雍喜曰呂先生至矣俄
而道人至雍叩其道道人曰既知我來能知我去否雍惆
然惟勤求道要道人曰易理通達就中探之可得復授以
口訣雍依法修之遂得尸解卒年六十七顥爲墓銘稱雍之[illegible]

純一不雜汪洋浩大著皇極經世書觀物內外篇漁樵問對等書傳世冬十一月知太常禮院張載卒載與司馬二程晨夕候雍得聞精識之義自崇文歸終日危坐一室或中夜起坐未嘗少間與弟子講學每告以知禮成性變化氣質之道學必如聖人而後已（世稱橫渠先生）著正蒙西東銘行於世戊午改元元豐趙抃告老退居衢之孝弟里有溪石松竹之勝與山僧野老遊不復有軒冕之概故其詩曰

軒外長溪溪外山捲簾空曠水雲間高齋有問如何答

清夜安眠白晝閒（卒諡清獻）

己未冬曹太皇太后崩不豫中謂帝曰蘇軾兄弟不可久

三佛印

何不曰共 鄙善謔

置於外。帝從之。軾在杭日久。徙知徐州。又徙湖州。道由金山。時有僧了元（字覺老。浮梁人。謝氏子。稍長讀佛書有悟。投寶積寺出家。大振禪宗。學者咸就之。昔帝曾召對。賜號佛印）。軾至寺訪之。了元向與二蘇黃秦等善。因長公究心釋氏。且善滑稽。一見便作禪語曰。學士何來。此間無坐處。軾答曰。借和尚四大作禪床。了元曰。山僧四大本空。五蘊非有。學士欲於何處坐。軾機鋒少挫。喝侍者解其玉帶留鎮山門。報以一衲。軾笑而受之。至湖。凡不便民者。以詩託諷。將徵還。或言怨謗朝廷。逮赴臺獄。王安禮從容言自古大度之君。不以言語罪人。乃出為黃州團練使（軾至黃寓臨皋亭。暇出遊覽。以舒胸臆。聚寶山多小石。紅黃粲然。軾取之作怪石供。玉臺山道陵天師修煉處。丹井尚存。盤[illegible]

○無藥　山右鼓院麻衣道者無藥禪師二真在焉破頭山馬茂山
四周姑　四祖五祖道場麻姑崖為姑飛昇處鳳凰崖為周姑修真
處凡境內山川無不遍歷常遊於赤壁山前郡守馬正卿
後為賦記之又往鳳棲山品陸羽第五泉
二馬正卿　為軾營地數十畝軾是為東坡築室其上以雪中落成遂名雪堂
自號東坡居士世稱坡仙在臨皋醉起作寶相記千餘言有客
携往鍾山安石棄之從月下展讀歎曰子瞻人中龍也黃
○張夢得　入張夢得建亭於城南邀東坡宴飲以其得江山之勝題
曰快哉亭爽心惟眺遠適興且御杯
一斯時高流多隱於箍桶者殆既破復完之意乎
大星之殞雷陽之竹韓寇二公同昭千古
警酷吏醒青樓寄名賢招道學祖師非好勞也直惹婆
心太切耳
坡公本非廣野一派故涉獵二氏然金山寺机鋒少拙
仍非作家也至於文章能使安石歎服詞縱橫無敵矣

㊀陳慥
㊁馮京
㊂馮商
玉京子
㊀駱玄素

○○陸松肪不殺符道　○○搖肉些爲營義忖
有故人陳慥字季寓黃岡與公倡和慥自號方山子公爲
之作傳庚申春章惇參知政事辛酉春正樞密馮京罷京
父商無子修德積善施讓不懈一夕夢文昌賜以小兒曰
此玉京子也既而得子遂名京與安同年不幼穎異及長鄉舉
至廷試皆第一安石見嫉而京中立不倚不愧科名與惇不洽
故罷追封程嬰公孫杵臼爲侯立廟絳州爲有功於趙氏趙州昭慶
民駱玄素爲小吏得罪於縣令逃匿山谷遇一老翁引入
深處至一巖穴見二茅齋東西相向西齋有侍童總角衣
短褐白衣偉帶華爲其東齋有藥竈命玄素候火老翁象

朱悅

稱東眞君朱姓悅名云上祖諱仲謂師曠有禽經浮丘有鶴經相畜有牛經馬經狗經下至蟲魚有龜經魚經聞琴禹所傳相貝經怪奇甚乃受行于世決斷神異予得家秘奈今不用諸貝乃往師長房費君得縮池術唐時居鄂州築室穿池環匝果藥手種松桂皆成十圍未嘗遊於城市

陳士明

與小將陳士明近隣相去二三百步幼而俊健喜鬬雞多蓄於家始雛即知其後之勇怯聞其鳴能辨其羽色常與予狎多失敬忖曰孺子無賴以吾爲東家丘試與之戲以酒飲之使其歸取雞鬬自辰而還至酉不達家度其所行適五十跬及顧視不越百步亟返跪拜求恕笑謂曰更侮

我乎陸垂涕曰詎敢復爾因釋之玄素聞而懼敬翁令餌藥十餘粒遂絕穀歲餘復授符法送至縣南數十里執手而別歸以符術行里中有孕婦過期不産與符一道服之即下於兒掌得所吞之符壬戌春徵玄素及台州處士徐中行抱負淵深善識天道災祥俱不至中行字德沙從胡瑗學司馬光奇之曰神清氣和可與進道父死廬墓躬耕養母聞張紫陽有道往從之遊深得性命之旨紫陽遯世忘言著悟真篇八十一章直述內外二丹之奧熙寧乙卯歲告成作序以記其事携遊河東值馬處厚在慈以丹訣授之勉以及時修煉後處厚一舉即得白日詞遐臨行授以悟真篇曰

[illegible]　◎石泰　邠守

他日必有由此達道者乎其流布之值鳳州太守怒按以
事坐黥竄經邠境會天大雪與護送者飲酒村肆適扶風
縣香林驛石泰字得之亦至坐中既見揖而坐邀與同席飲
酬問其故紫陽具以告石曰邠守故人也樂善忘勢不遠
百里紫陽曰能迂玉趾得免此行自有因緣懇諸護送者
亦許之遂相與之邠石為之先一見獲免紫陽德之曰此
恩不報豈人也哉予平生學道無所得今將丹法用傳於
子子可依之修煉以成道石再拜謝仰受付囑自號紫虛
乎紫陽復遊於蜀再遇青華真人授以玉清金笥長生金
寶內丹之訣乃歸山復著為圖說窮理盡性以至於命三

修真要訣

王邦叔

劉奉真

宗一致妙用無殊為三教匪人三遭譴咎欲秘不復傳緣蘊性仁慈慷慨豁達又自不能獨善其身時諸弟子聞紫陽還咸來拜謁先生固無恙乎且夫奔走山川踰越險阻於茲十年而貌不少衰形不少疲者其術亦可救乎紫陽曰人之所以憔悴枯槁者心使之然也一念未已一念續之盡日之中全無頃暇寐之寐也亦猶是而神不存矣若無他為能定心而已定則靜靜則金丹可坐而致也諸子受教而退後有王邦叔者來參乃以青華寶錄授之紫陽欲以形神俱妙與道合真之理普現法界廣度群迷與劉奉真之徒宣揚佛法提誘後知至三月五日說無生偈曰

(四)徐禧

(五)秦青

四大欲散并掌巳空一靈真性法界圓通

眺坐而化住世九十九年弟子權殯焚之得舍利千百大

如菽實皆紺碧色平安禮識之曰此道家所謂舍利耀金

姿也○漢七年奉眞遇紫陽於主屋山語以誠心修道留詩一章以示人寂而不滅云時安禮爲尚

書右丞下詔伐交趾安禮力言不可是秋詔給事中徐禧城

永樂夏人來寇靈州韓緒秦平征之渾州朱有少僕羅竄

鳴沙谷伍睥睨有燭不殺符道筆次資中郡俄有二鳥飛

鳴見一物雙地若松肪有取食之遂肬伍仙去及合戰椿

敗死帝臨朝痛哭安禮堅執告退俱與兄安國合煉得道去主靈芝仙洲癸

表春正帝念孤忠之臣追封屈平爲忠潔侯夏人寇蘭州

王文郁　高麗 王徽 王勳 王運　遼大安　哲宗煦　徐積 徐明甫 劉崇遠 劉□

富弼舉王文郁為將夜擊夏人大敗之時以方尉遲敬德
夏主乞復修貢許之閏六月鄭國公富弼卒贈太尉諡文忠追封
孟軻為鄒國公與顏子並配孔子荀況為蘭陵伯楊雄為
成都伯韓愈為昌黎伯從祀廟庭甲子春高麗王徽殂子
勳嗣殂子運立乙丑遼改元大安春正宋帝有疾詔立子傭
為皇太子賜名煦三月帝崩三十八歲在位十八年太子即位為哲宗
高太后同聽政首罷新法召程頤為宗正寺丞未至卒彥
博采衆論題其墓曰明道先生蘇軾自黃徙知登州召還
賜楚州孝子徐積帛米金鄉人徐明甫少得毛公所傳假
形法聞積純孝因同宗欲就親之河南劉崇遠有姊為屋

四

居楚州嘗有一緇尼寓市忽病癆瘦甚且死其妹省之衆共見病者身中有氣如飛蟲入其妹衣中病者死妹亦病俄而劉氏舉院皆病崇遠聞明甫隱有道術乃往求之明甫曰致金陵絹一疋吾爲療之如言送絹訖踰月劉尼夢一道士執簡循撫其身身中白氣騰上如炊既寤遂輕爽能食明甫忽封絹而至曰還絹席下寢其上即瘥矣已而果愈視其絹乃畫一持簡道士如所夢者徐積遇一道士請曰予爲朝廷施仁賢士漸附故爾暫遊予當歸孝道斗中早證天爵積未幾卒時詔置義倉寬民力丙寅改元元祐以司馬光爲左僕射召程頤爲崇政殿說書聞帝盥而

避蟻脯曰。推之即仁民之道也。章惇有罪免。罷青苗法。王安石疾亟。夫人問遺示。惟以作善俟佛為言。適故人葉濤來候。謂曰。人生當為眞實之學。切勿作為文章。甚無益也。及濤去。忽憶村舍詩中二句。既無好語遺吳國。却有浮辭誑葉濤。又應於今日長歎而卒。起文大師平章軍國重事班宰相上。時年八十一。

呂惠卿有罪。建州安置。中書舍人蘇軾草其制畧曰。先帝求賢如不及。從善如轉圜。始以帝堯之仁。姑試伯鯀。終焉孔子之聖。不信宰予。尚寬兩觀之誅。薄示三苗之竄。蓋意在安石而

余中

天下傳頌稱快惠卿初在单州天慶觀有異人過遺詩曰
四海孤遊一野人兩壺霜雪足精神坎離二物君收得
龍虎丹行運水銀
野人本是天台客石橋南畔有舊宅父子生來有兩口
多好清歌不好拍
後有漁父詞一闋
萬劫千生得個人須知先世種來因速覺悟出迷津莫
使輪迴受苦辛
惠卿婿余中解之曰第一首乃賓洞呂吟也惠卿復於兗
州會見祖曰以予宗姓來度而子不悛非吾徒也是亦宋
室當衰致生汝輩予將遊西北觀其氣運遂拂袖去是秋

夏國主秉常殂子乾順立改元大安報喪遼宋遼聞中國相
司馬勅邊吏毋輕開隙九月先卒太后與帝臨其喪贈太師溫
國公諡文正四方畫像以祀子康居喪哀痛得疾召醫李積於
兖及至而康病已危以父溫公家訓授其子而卒積涕泣
去積字德成本儒者而精於醫恒以濟人嘗於隆冬遇一貧
窶道士單衣無寒色邀積入酒肆自據末席店者曰交錢
取酒道士指店中三酒瓶曰中各有一升酒錢店者視之
果然以三升酒與之道者酌酒與積止取一瓶而二瓶自
竭曰此小術耳吾洞賓也積驚喜求度道士書一絕云
九重天子寰中貴五等諸侯門外尊爭似布衣狂醉客

不教性命屬乾坤

以藥一粒遺積曰服此當享高壽積來視康時已八十餘髮不白齒不落至百七歲而卒光遺表薦蘇軾詔為翰林學士每經筵進讀命坐賜茶叉夜撤御前金蓮燭送歸院冬十月改封衍聖公若蒙為奉聖公丁卯夏以軾上

陳師道

陳師道為徐州教授高介有節熙寧中王氏經學盛行師道心非之遂絕意進取至是軾薦之乃受職劉攽卞丁仁初亦大非安石所行築居南沙野中樂山鳥之嚶愛松風之韻植果種蔬野人欺之多有伐樹踐圃攽曰我不負人人何負我有一虎近其居作穴覗攽則搖尾攽曰汝來護我耶虎輒俛首

○劉攽

歷數年野人不敢侵後牧卒死乃去庚午春彥博致仕命耶律永昌宴餞於玉津園先是遼使耶律永昌來聘見彥博於殿門外却立改容曰此潞公也耶問其年壯之曰天下異人也彥博初薦隱士陳烈年高有道辛未秋遣使召之辭不赴呂祖常與往來論道適詔使至作詩贈烈曰

青霄一路少人行休話興亡事不成金榜因何無姓字玉都必定有仙名雲歸大海龍千尺雪滿長空鶴一聲深謝宋朝明聖主解書丹詔召先生

烈得詩益喜未幾卒呂祖復弔之曰

天網恢恢萬象疎一身親到華山區寒雲去後留殘月○春雪來時問太虛六洞真人歸紫府千年鸞鶴老蒼梧○

無心昌老

梅氏子

自從遺却先生後南北東西少丈夫

後有見呂祖攜烈西去祖復遊廣州大庾嶺過壽春眞人言其徒陳生適日報本心切眞人怡然有富家子誅道建醮接雲水士多年延衆建齋籙大齋方罷一襤褸道人求齋衆不知恤或加凌辱道人題詞於壁曰

暫遊大庾白鶴飛來誰共語嶺畔人家曾見寒梅幾樹花春來春去人在落花流水處花滿前蹊藏盡神仙人不知

來書無心昌老來五字作三樣筆勢題畢遯入雲堂迹之不見徐視其字深透壁後始知昌字無心乃呂也衆歎恍祖東南遊豫章逆旅梅氏壽春族子頫濟

陳師

悳行旅僧道投止皆不求値恒有一飄逸道士來止必厚待之一日道士曰吾明日當設齋從君求新瓷椀二十事及七筯君亦宜來會可於天寶洞前訪陳師也梅子許之道士持捥渡江去翼日梅詣洞前問其村人莫知其處久之將廻偶由一小徑甚明淨試尋之果得一院有童應門問之乃陳之居也入見道士衣冠華楚延坐命具食頃之食至乃熟蒸一嬰兒梅懼不領良久又進一蒸犬子梅亦不食道士歎息因述往事曰蘭陵蕭靜之梁族舉進士不第遂委書葉絕粒鍊炁結廬漳水上十餘年而顏貌枯悴齒髮凋落引鏡而怒因還鄴下逐市人求什一之利數年而

貧用豐匱乃置地葺居掘得一物類人手肥潤微紅歎曰
豈非太歲之神將爲祟耶卽烹食味美逾月髮齒再生力
壯貌少予偶遊鄞都見而駭曰子神氣若是必嘗餌仙藥
來詰其脈知其所食者肉芝也壽當同於龜鶴因諗曰然
宜深隱山林更期至道不可混於臭濁之間彼遂捨家雲
水近樓宮籠謁梅子曰子須所見千歲人參枸杞皆不肯
食乃分也命童取昨借碗筯還客謝遣之梅淚別視碗皆
成青金不數步陳師招回曰予善人也然不得仙予心如
歉同持碗歸安家畢復來此居以俟後塵梅子如其言重
來引入深洞呂祖至羅浮朱明觀值道士他適獨小童在

揖先生坐小齋蓬窗以酒獻祖滿引使童酌其餘童不肯
素患左目內障祖以所餘酒噀之目忽開明若素無患者
乃畫一山於壁山下作池三謂童曰汝飲吾酒則得仙不
飲命也然當享高壽言訖飛入石壁及道士歸見所畫微
壁大驚曰山下三口乃呂字非呂祖乎深憾不遇童年百五歲而
終皆傳觀中仙畫爭觀之時有朝士在郡亦偕友往觀深
以為奇一友曰余於山陽神光觀曾見呂祖自繪像於三
清殿北墉貌古怪不類世所傳上有北斗七大星君相被
髮秉珪立傍作一符徑丈餘旨曰如知吾下筆處可以語
道人有疾刮符服之往往良已或見神人儀觀甚偉曰吾

神光符使

神光符使也新蘂露以慕席之較此更神也因復步山巒流覽見一翁獨坐樹下吟曰

徙倚來三十年更無踪跡落人間功成得滿歸天去

回首山頭月正圓

朝士知其有道問順真延壽果有丹藥否翁答云心如朗月連天淨養到後名韁利鎖慾海愛河總還爲有先生性似寒潭止水同悟來時玉洞金丹求梨火棗不借白衣童子昔黃帝內視二月而道成顏子不違仁國閒於乎葛

紫陽之危劉師已先言之鄧州之行適爲杏林作念一大顛題詩羅浮留盡呂祖遊戲無非啟人道念而留隱翁詩意相均真終南嫡派

◎雷隱翁

二孟在

孟后

○攀龍鄉劉女乘鵝　●○與元縣上座吠向
家有眞金無用餐霞餌藥也朝士見語有玄機固問莫是
呂祖否翁曰祖師上眞不可易見吾雷隱翁也言畢起身
更欲再問其行須刻甚遠驚訝而返隱翁名本人廣州薛落
不羣長業進士再試即棄去默坐終日或誚其癡翁曰綜
不以吾癡易汝黠一日遇韓淸夫授以道術曰道成會吾
於終南隱翁修之有得棄家雲遊後於膠東市歌舞為戲
自稱去留觀徃見閣門紙條寫在曰公女當為賢后但遭
顛越耳在春發於家有廣人見之識其為隱翁也未幾乘
雲去壬申夏孟氏女為后是秋遷蘇軾為禮部尚書蔡[illegible]

第四冊　一

④黃庭堅　⑤孫覺　庭堅至孝每夕親為母滌溺器　⑥刀鑷工　⑦女子　女七十四歲矣

貫國史編修黃庭堅判國子監觀與孫覺字莘老同鄉覺每稱之為風流學士覺家於高郵湖陰夜坐窗明如晝覺循湖求之見一大珠其光燭天是年登第官龍圖學士為安石排出庭堅分寧人字魯直別號山谷詞翰與二蘇齊名兼通玄理陳留市有刀鑷工人無室家惟一女七歲日以刀鑷所得錢與女子醉飽醺酣簪花吹笛肩女而歸山谷疑其有道常挈榼酒就教劇談始返工攜女居市七年忽隱去山谷為賦詩曰時時能舉酒彈鑷送飛鴻云每羨女真子作漁父詞以仿之范純仁號曰儒門道士也堯為詩仙癸酉秋純仁為右僕射表廣州處士黃洞端方有道詔徵不至先有南海

陳玘　仁嬌　翁農　紹聖　尹惇　尹母

陳玘女仁嬌未笄嘗夢爲逍遙遊及寤每思舊遊不可得忽中秋望夜有仙數百從空招之仁嬌超然隨衆乘雲而去至是降於洞家言始隨衆仙朝謁上帝遂命往蓬萊洞臺今有代者故得遊行耳洞亦好道掃舍居之仁嬌爲言朝廷方有變故辭詔命未幾仁嬌曰將奉女中堯舜入閤延遂去九月高太后崩帝始親政蘇軾乞罷許之楊畏上疏紹述先政薦章惇惠卿等詔復其官甲戌改元紹聖廷試進士河南尹惇應舉策語不善不對而出歸告母母曰吾知汝以善養不知汝以祿養惇聞之曰賢哉母也於是終身不就舉深明易道從遊門衆帝欽淵淵盤意蘇

二

蔡京 轍秦觀庭堅皆被禍以安石配享神廟、蔡京爲户部尚書、

蔡卞 京弟卞爲國史修撰追奪司馬光等贈謚貶呂大防等初、

呂大防 詔復章呂官學士劉安世切諫貶知成德軍時汀州秦劉

劉安世 氏女乘白鵝上昇、即安世兄居寧化縣攀龍鄉生不茹葷

劉安上 性明慧喜文畢年九歲即能隨女姑識道妙美而艷其姿

劉女 可鑑以不嫁自誓及笄父母奪其志許嫁處州石城何氏

何氏子 子卜吉冬十月成婚將行聚族往送導從越境忽從空不

白鵝 一白鵝女出車乘之飛去郟驗諤失措父母悲痛莫知所

爲里以舌縣白於州聞於朝詔賜祠祀之名遂築地據左

陳軒 佯士大夫柱道訪其跡題詠甚多侍郎陳軒字元 有詩云

尺寶未銷
州將變爲
氏畜一母
雞將死其
雞悲鳴不
食母死啄
敗薦覆之
街徼革列
前若祭狀
向天長號
而化斗府
銀爲使昔

○鄧守安

晉御獄再

蓬萊觀下瑞烟飄、劉女曾從此地超、桃圃昔諧王母約、
雲霄今赴玉皇朝。白鶴乘去人何在、青鳥飛來信已遙。
若使何郎有仙骨也應同引鳳凰簫。
時蘇軾在惠州、轍在循州、朝夕可以相聚、且無民社之責
亦作詩以美仙蹤、軾初寓松風亭有蒼松三十餘株長夏志畧登眺羅浮諸山中夜子時見太陽
出海霞彩萬變大爲奇觀、霍山有峯三百七十三唐宣宗
爲僧時曾至豐湖中有漱玉灘、默翠洲明月灣披雲島石
埭山、有逍遥巖、白鶴峰、諸勝、軾因羅浮道士鄧守安深識
峰下白鶴觀可居、遂徙寓於此、
去機與軾相得、於府城東以四十舟作浮橋、軾捐犀帶助
役、號東新橋、昔稚川棲山煉丹仙去、黃野人於左隙得食遺丹
一粒爲地行仙、有人遊羅浮、見其無衣而紺毛覆體、意忽

希固

巢谷

三朝雲

仙也、再拜問道、野人了不顧、但作歌曰、
雲來萬嶺動、雲去天一色、長嘯兩三聲、山空秋月白、
散步踏歌而去、聲振林木、守安每言於菴前見其足跡、長
二尺許、乙亥正月十日、轍偶讀韋蘇州寄全椒山中道上
詩、乃以酒一壺、用韋韻作詩以寄守安曰、
一瓢羅浮春、遠餉採薇客、遥知獨酌罷、醉卧松下石、幽
人不可見、清嘯聞月夕、聊戲庵中人、空飛本無迹、
有僧希固者、兼通老氏、於甕湖築堤架橋、上為飛閣、轍以
金錢助成、適故人巢谷、字元修、時年七十三、徒步至循、訪其兄弟、轍
驚曰、子非今世人也、轍有妾朝雲、不習水土、死於惠、葬豐

回鄭過
十黎子雲
十兄弟
三姜唐佐
三黃公輔
四吳國鑑

湖上作六如亭蓋之以其誦六如偈而卒偶作遣興詩有爲錢先生
春睡足道人輕撞五更鐘之句章惇知之曰蘇子尚爾快
活耶復移軾於昌化移轍於雷州朝令不得住官舍民居惡極
軾買地築室儋人運石畚土助之日與長子過讀書自娛
時負大瓢行歌田野有饁婦年七十謂曰內翰昔日榮華
一場春夢矣軾大然其言黎子雲兄弟好學所居多林木
水竹欣事二蘇軾嘗載酒訪之題其寓曰載酒堂瓊山舊
唐佐〃從之遊儋人黃公輔有道之士二蘇雅重之相與
盤桓蹤始至雷儆寓民房峰後追汾海康吳國鑑築室居
之已而坐罪罷不介意軾結菴桄榔林下爲偃息之所摘

雷震子

陳文玉

業嘗錄、題室曰息軒、予遡几晨昏涼暑所需悉以身任、嘗作志隱賦、軾覽之曰、子可安於海島矣、見德裕所建望闕亭不勝感慨、澄邁縣宿谷山幽地腴樹茂泉甘、儋州清水池四季荷花不絕臘月尤盛可稱亦絕、三山菴在府城東有泉軾品之以其味類惠山名之曰惠通、過雷州、訪雷公廟舊記云、陳時州民陳氏獲一卵圍及尺餘、一日雷震而開生一子、有文在手曰雷、及長名文玉、後拜本州刺史多善政、沒而神靈立廟祀之、鄉人每歲造雷鼓、雷車、送廟中、鼓以布緣之、又訪伏波廟、中祀兩神、路博德平南越、馬援征交阯、並有功於嶺南、凡濟海者、必禱而卜焉、軾常與轍及秦觀、泛月羅湖、三人得以相聚遊憩（羅湖又名西湖有予湖書院區集所寓州城有端星池因星獨）

二米友仁

於中進所鑿海中思靈島有米豆種後數年始實豆之至美者。二蘇亦得食之。凡山水勝地遊覽殆遍悉有詩文記之。章惇深嫉諸人毋於貶處跡其所爲丙子冬劉婕妤恃寵譖后章惇等搆廢孟后爲華陽教主王清妙靜仙師名冲眞出居瑤華宮后聞高郵有露筋貞女遣內侍立廟祀之女初隨嫂氏夜過水邊夫著蚊盛嫂借宿田家女堅執不就獨宿草莽中遂以蚊死露其筋焉吳人米芾字元章號海嶽外史知無爲軍過此爲作碑記芾操履高潔風韻蕭遊凡郡中亭館寺觀之額皆其手書性僻好石嘗拜呼爲兄飛蝗入境不傷禾黍池於治內蛙聲聒耳芾取瓦片書押字投之遂不鳴子友仁翰墨亦佳世稱小米官敷文閣學士孫博雅重其父

○張商英　十二邵伯溫　三五劉仲延　○李鼻洟

子丁丑春張商英言彥博所附司馬光邵雍子伯溫字子文精於易數謂人曰潞公豈受侮者會將去矣是月果卒年九十二逮事四朝任將相五十餘年名聞四夷謙和樂善生八子皆歷要官博士劉延仲於紹聖初寓秀州遇一道人於市行藏特異云能治病或從之求藥則以鼻洟和垢膩與服立效自號李鼻洟他日過門延仲召之坐問其從來李曰予閩人名悌嶽山長美先生之徒在山養靜四十餘年今出濟世明日又至延仲以適無酒爲禮奈何悌笑曰床頭珍珠泉一尊何不出以待客劉大慚呼童取酒悌曰不必但將空尊來尊至素紙覆之少焉香溢於外美酒盈尊坐者皆醉後日劉有他客取泉酒

無涓滴矣是夕忽詒劉曰將偕文潞公南歸矣劉問潞公
何仙曰來路甚遠未可識也劉更問後會之期悌原指曰
後十九年俞家小兒旁一大金人來爲黃龍嗚之其明年
夏有一端人大會道流於上清予亦將赴此歲七夕之次
日當與君相見於眞州劉以其誕甚笑語揖別至期偶往眞州果遇
欲求度世者揖首曰予慳囊未破且俟再來
延仲素本好道以朝多奸佞遂絕
意仕進故得逍遙此生是秋七月火入輿鬼太史奏主賊
在君側程頤請罷章蔡等編管頤於涪州渡漢江中流風
忽船幾覆舉舟相顧呼號頤獨危坐已而及岸衆中一父
老問曰當時君坐甚莊何也頤曰存心以誠老曰又不若

韋昉　龍女　譙定　惠寬

無心也願方欲與之言忽不見或曰昔有韋昉者夜泊涪江忽夢龍女遣將邀入宮後昉登第知簡州龍女復遣騎以書邀至勑充北海水仙將無是之願意不然至涪宥譙定者（字天授）來就學授之以易（後定精於易學稱譙夫子）願即晉淨院開堂註易綿州淨慧寺僧惠寬六歲時父設黃籙齋衆禮石天尊像寬不肯禮曰禮則石像遂倒父強之既禮而像果腰折而到矣後出家在寺寺近池人都捕魚爲業寬與衆受戒且曰吾能令汝所得不失於舊因指其池畔盡生菌蕈漁人採之省力得利皆呼爲和尚蕈衆閒持齋果有感乎寬曰唐元和中長安興善寺有素和尚生不嘗葷院植

王后

崔鶠 時朝政如黃梅作晴作雨、

趙吉

王俞若著

二蔣濬

二吳生

稱章惇狙詐兗頑天下呼為惇賊帝出惇知潭州。又稱章猶復
純仁等官徒二蘇黃秦於內郡軾在儋時無事則拉人談
鬼人或云無軾曰姑妄言之吾妄聽之何妨此亦藉以解
煩耳先是轍謫高安有趙吉者狂而落魄自言一百二十
七歲見轍曰轍君好道而不得其要陽不降陰不升故內
多而浮面赤而病數以涉水濯體經旬宿疾都愈 吉後屍解去
庭堅徙宜州卒 俞若著初為萍令館治新繁進二子執經 [illegible]下蔣濬日陪大隱遊訪向龍洞在會仙
山中、[illegible]畢多[illegible]草[illegible]木唐陳仙翁煉所常有紫雲玄
鶴乘空而下畢人與生師事仙翁於北陵南山龍隱洞南
石[illegible]與帝事讀六十轍庭堅往觀病葬庭堅
[illegible]與遊卒、濬為之棺殮具舟送歸
秦觀自[illegible]至[illegible]被遣、至滕州華光寺與客道夢中詩

王鞏　柔奴　楊洪　楊澤　楊章　孤[illegible]

曰卜止於此矣竟不飲水至視之矣而卒王鞏國子監亦坐
賓州軾北歸出侍兒柔奴進酒軾曰嶺南應是不
好柔奴曰此心安處便是吾鄉軾作定風波一詞贈之鞏
從鄉有楊洪章是與之游植謝武寧與弟澤俱博學有文
時稱二虎楊澤此州者多稱其家是人山林閉門力學以壽
楊目之一試不第即隱居羅洪洞據山林泉石之勝壽內
養之道號白雲先生壽百餘歲而終帝以軾提舉五局觀軾乞就常州
養疾許之路由句容上茅峰訪謁王筌元豐中賜筌號冲
熙處士張甚叟為作功行碑謂有超世之資與陳圖南伍
筌常歎曰金丹大道舉世道人無所許可惟張平叔一人

而巳泰山也河海也丘垤行潦何敢冀焉程顥嘗寄以詩曰我亦有丹君信否用時還解濟斯民時筌結廬嵩山顥入山訪之筌候於松下顥問何以知之筌曰未年已有消息先生蓋以事而止耳顥始敬服筌復遊金陵地肺先是茅山中峰石洞忽開華陽洞天便門自左元放仙去則閉至是復開又累日甘露降道士劉混康因此必有異無何筌上混康率諸人師事之獨居洞中於元符三年夏四月前期謂諸人曰明夕我受上清籙至期仙樂聞於空筌怡然而逝及軾至聞已蛻化爲之作記令刻石山齋於常軾後卒撤寓許昌自號潁濱居士亦終焉布衣何文正曾師事之傲世不嘗進取是

劉混康

何文正

建中靖國　遼天祚　延禧　乾統　崇寧　夬　童貫　張繹　陳敏

夬上書言孟后無過見廢元祐宰執忠亮遭貶太后即降詔復之辛卯改元建中靖國正月朔有赤氣起東北亘西方權給事中任伯雨上言此下人干上夷狄竊發之象願修德政以弭災咎詔貶章惇爲雷州司户睦州後徙死是月遼主道宗殂孫延禧立爲天祚帝次元乾統壬午歲宋改元崇寧夏改貞觀命官者童貫置局於蘇杭日役數千以蔡京爲右僕射焚元祐法復廢孟后癸未安置任伯雨等於遠州除程頤名言以邪説詖行惑衆而尹焞張繹爲之羽翼頤遷居龍門山止四方學徒曰尊所聞行所知可矣不必及吾門也詔州縣立黨人碑知台州陳敏字伯修無錫人不肯立碑監司促之

○申屠有涯

△魏漢津

○李良

急敏曰誣司馬公爲姦是誣天也佯立之敏碎其石或咎

敏敏曰死且不辭何刻之畏遂挂冠去訪故交時陽羨有

申屠有涯者不知何自常携瓷瓶以遊偶於渡舟飲酒大

吐衆逐之登岸吟曰

仲尼非不賢爲世所不容貴賤同所予焉識人中龍

跳入瓶不見人始驚異敏往求之已不獲矣後遊秦中遇之同去申

申春命方士魏漢津定樂鑄九鼎漢津本剩員兵士自言

居蜀師唐仙李良授鼎樂之法曉陰陽術數多許中語所

知曰不出二十年天下亂矣人來之信徐神翁自蜀來寓

居嵩少繼居泰州不輕與人言有問僅書字以贈意義無

叔卷漢津謂是其師之太帝召至叩其學神翁言臣無他
術惟善養氣耳此閒居無事之所為聲色貨利之場神勞
精耗不可為也所言皆抱元守一之旨帝深重之留居禁
中常與論道去年解州奏鹽池水溢至是李夏帝以問神
翁對曰此蛟孽為害宜宣信州張師治之玄宗養氣法祖繼真
入世牽纏起於婚娶則女來饋而去何等灑落不然則
子女衣食嫁娶諸事忙亂一生幹了自己甚麼亦有諸
事未畢已先就木者豈不可痛
夫便溺猶可糞田至鼻洟則絕無用矣神仙以此為號
亦曰無用於世者乃可入道若自負其能用之不已靈
明耗盡陰道逆而陽道遠蓬萊路與齊弱水三千流沙
八百哉潞公將不為世用故鼻洟來迎也
魄陰不盡不能成純陽之體云落魄者猶言純陽也然
道者得此便為美名故徐然超吉去維聊胥尸解

三十代

張繼先

張敦信

張處仁

召傳薛西來徵意　徐薦林南主長生

時嗣師諱繼先字嘉聞號修然子洪宸之曾孫祖敦信父處仁仕知臨川

縣元祐七年十月十五日生五歲不言一日聞雞鳴忽笑

賦詩曰

靈雞有五德冠距不離身五更張大口喚醒夢中人

翼日晏坐碧蓮花上人皆以為真仙九歲嗣教及是應詔

赴闕年甫十三召見便殿帝問卿居龍虎山曾見龍虎否

對曰居山虎則常見今日方覩龍顏帝令作符笑曰靈從

何來對曰神之所寓靈自從之帝問能書否曰臣嘗書道

德經遂取以進帝問修丹之道對曰此野人之事非人主

祝永祐

崇寧真君

所宜嘈情靜無為便可同符堯舜帝悅其言命入寢殿官
人饑以扇求書以經語書之中舉一握稽首書曰保國鎮
神與天長存乃帝之所御也賜宴而出送至中書與神翁
相見對視而笑如故交然冬十二月望日召見帝曰辯池
水溢民罹其害故召卿治之繼先即書鐵符令弟子祝永
祐同中使投池岸圯處踰頃雷電晝晦有蛟蠻磔死水面
使者復命帝問卿向用何將還可見否曰臣所役者關羽
即握劍召於殿左羽隨見帝驚擲崇寧錢與之曰以封汝
世因祀為崇寧真君繼先乞還帝命近臣餞於國門乙酉夏五月復
召建醮內廷客奏赤馬紅羊之讖且言元祐諸臣皆負天

朱勔　大觀　李諤文

下重堂乞聖度優容帝悚然賜號虛靖先生仍乞還山不許秋八月九鼎及新樂成奉安於九成宮帝親酌獻至北方鼎鼎忽破水流溢於外繼先謂北啟亂之兆急宜修德以回天意今更以朱勔領蘇杭應奉局及花石綱民力竭困矣是冬固請還山賜老君金像及天師像奉玉册上祖師封號爲眞君賜父兄爵有差丙戌春正有星孛於西長竟天帝念繼先之言復謫者仕籍毀碑除黨禁丁亥改先大觀立八行取士科孝友睦婣任恤忠和知台州李諤文薦徐中行中行盡毀所爲之文入委羽山避之紫陽知之以書招回天台謂曰世道將亂吾道當顯子姑俟之自有所得也時

有詩式者（字道源陝西鷄足山人。）嘗為僧於毘陵遊長安開福寺叅長老修嚴又叅僧如環深明佛法。慁念談禪說法不能長生。復志金丹修命之道。盡力叅訪。於去歲丙辰冬寓鄠縣素嶺聽講佛寺。遇石杏林（名泰年八十五。）龐鼻鼠耳綠髮朱顏神宇不凡。夜事繼紉。道源與之偶舉平叔詩曲為問。石懽然曰。識此人乎。吾師也。因語曩時傳道之故。道源聞言即稽首歸依。回求受學。石見其誠。引達磨西來意曉之曰。

三真經歌

真經歌。不識真經盡着魔。人人紙上尋文義。喃喃口內念彌陀。若要這般求超脫。僧道徧地仙佛多。識真經。出紅波。勿走旁門三六利。若識真經端的處。失天

造化別無佗。順去死逆來生。往往交君採滾。鍋眞經原
來無一字。能度衆生成大羅。若要眞經度自己。須教同
類兩相和。除此訣。豈長往西方徧地。產黃金五千四入
歸黃道。正如一覽藏中經。大藏經氣候臨地應潮天應
星。水生二分藥正眞。龍尋虎穴採清濁。晴中採取定浮
沉。金鼎煉。玉爐烹。綿綿文火煖溫溫。眞經一吸玄關透。
回光反照入中營。徧體薰蒸如酒醉。呼吸百脈盡歸根。
精入氣。氣包根。混沌七日又還魂。是此這般眞消息。料
得凡夫罕得明。活中死。死復生。自古仙佛賴眞經這些。
造化。能會得。度盡閒浮世上人。

紫賢

(四)張環衛

授以眞要口訣。授之。且贈以偈。心由無礙。性地絕塵。神居性內。修煉還眞。萬物生皆死。元神死復生。以神居炁內。丹道自然成。戒之曰。此非有巨室外護。易生謗毀。可疾往通邑大都。依有德有力者圖之也。道源遂棄僧伽黎。幅巾縫掖。改字道光、號曰紫賢、來京師和光混俗。覬了此事。聞帝好道延眞、因寓居道院、以俟機緣。遇張環衛、因歌桔槔頌曰、

軋軋相從響金時。不從他得豁然知。桔槔說盡無生話。井裡泥蛇舞柘枝

環衛即拜爲弟子、法財祠。易得其資助而丹成。遂以秘訣

沈畸

授張自隱海濱靜養、徐中行奉師命循海東遊、遇薛叙派
道先稱以師叔、指所餘丹貲相贈、中行藉此成道、環衛嗣師之從
兄、遊學程顥之門、於書皆讀。顥卒世稱伊川先生。環衛往河南
會葬訖、將回山省親、時蔡京命侍御史沈畸治其仇家七
百餘人、欲致之死。畸盡活之、京怒貶於信州。環衛見嗣師
言畸之忠恕、當得長命昌後之報、嗣師厚待之、畸後獲報果然。是
春、詔命繼先醮於山中、且召赴闕、五月至京。帝曰、宮中若
有妖、卿當祛之。對曰、妖不勝德、陛下修德、妖必自息。內侍
奏仁濟亭有妖。俄頃妖憑一少年、以手抱頭泣拜。師曰、汝
心自昧、墮在迷途。返爾本形、汝宜速化。少年乃仆地、

天之遂遣師命以大甕數十貯水京畿取符投水中以飲
病者輒愈又作大道歌以進言神仙不死事是秋旱命禱之兩三
日授太虛大夫不受與徐神翁同館翁曰世事悠悠不如
歸休師曰歸則竟歸何思何慮翁曰尚有一事且俟明年
戊子二月頒金籙靈寶道場儀範於天下帝夢一大漢入
宮曰吾武肅王也奉上帝命當還我國是秋九月王后夢

皇子構

亦如之寤而生子名構帝第九子後爲高宗建都杭州年壽與錢鏐同神翁作詩
進上帝以詩付后翁即於是日坐逝是月后崩帝令韋妃

陳禾

育構爲子繼先辭還山童貫恬寵專横己丑春右正言陳

孟翊

禾請竄之帝謫禾於信州繼先遷之如沈畸左正言孟翊

四吳應能

受邵氏易學見國家將陵夷於是獻卦象謂宋將中微有
再受命之象帝寵之於遠州遇道士吳應能笑謂曰幸免
虎口翊俯首領之至中道逸去應能人龍泉以符水治病禳
祈立應崇寧中應召帝試其術甚奇優寵特甚命於奉寧
宮爲天寧萬壽之宮書額以詔其居賜號洞元妙應先生

八郭天信

時方士郭天信以蔡京爲非察白日有黑子應於京等勢
壓天子帝信之遂罷京庚寅夏五月彗出奎婁貶京知杭
夙有道
州以張商英爲尚書時久旱彗現商英受命是夕彗沒明
日雨帝喜因大書商霖二字賜之有傴僂道人及門求施
商英不之禮戲問有何術曰能揑土爲香即於堦側取泥

鄭后　政和　遼改天慶　張仙姑　麻衣仙姑　何執中

撰而焚之奇香酷烈烟罷道人不見案上留詩一章

程士爲香事有因世間宜假不宜眞皇朝宰相張天覺商英字天下雲遊呂洞賓

商英自識不識從此格去心非是冬帝立鄭妃爲后辛卯

春改元政和遼改天慶商英言南陽張仙姑石室麻衣女皆有

道術帝命召之張姑善爲人治疾輒瞑目按病人爲布氣

致之覺腹熱如火鳴聲如雷雖沉痼皆愈至京試之果効

未幾不知所之麻衣本川人任氏隱於石室山家人求之弗得

使者遍索遇之見其指石壁而入殷殷如雷其壁復合手

蹟留石上商英持平何執中譜之出知河南府時有妓楊

楊柳 蕭館賓 陳瓘 梁良

柳東都絕色也一道人往來其家屢輸金帛然終不及亂楊乘醉迫之道人曰吾先天坎離配合身中夫婦聖胎已此言非爲楊發拚欲聞於商英耳結嬰兒將生豈復戀外色乎楊疑訝其語時商英館賓蕭姓者與楊狎楊以道人言告蕭迷於商英遽往即之道人徑趨棲雲菴雲堂不出排闥尋之惟壁上有詩曰

一吸鸞笙裂太清綠衣童子步虛聲玉樓喚醒千年夢

碧桃枝上金鷄鳴

詢其貌則前所見者也後菴遭兵火而詩壁巋然獨存勝童貫謂遼可圖請使以覘之陳瓘張商英言北勢正盛不可輕舉貶商英爲承信軍節度使徙瓘於台州瓘聞有高士梁良徒步詣

素券

卯良曰吾師素券曰夫烹鮮者無事於煩制水火之齊以熟之而已大道則亦然也瓘謝退時往訪之是歲帝賜堯時高士善卷號高蹈先生良忽謂瓘曰將歸華陽省師矣遂去始悟素券即善卷後瓘年八十知金兵將至尅日卒於楚州壬辰季夏復遣使召

王道堅

繼先以疾辭俾弟子王道堅奉表謝帝授為太素大夫與

王文卿

盱江王文卿以道術同顯於朝文卿好骨相有道者器之長遊四方履歷幾遍遇異人授以道法能召風雷時揚州大旱詔求雨文卿應召仗劍噀水曰借黃河水三尺後數日揚州奏得雨水皆黃濁賜號金門羽客寵冠當時賚予無所受辭歸臨川仍為人致雨驅神先是老君降華陽洞

天授梁良加句天童護命經方士王老志王仔昔竊得之、老志濮人、初爲小吏、有異人授以丹藥、遂棄妻子結廬田間、爲人言休咎多驗、知帝方向道、乃至京、館於蔡京第、嘗緘一書至帝所、啟視之、乃昔歲中秋與喬劉二妃燕好之語、賜號洞微先生、仔昔洪州人、隱於嵩山、自言遇旌陽得大洞隱書、能道人未來事、與老志同遊、得護命經、京并薦之、賜號通妙先生、由是道事日興、帝嘗問老子從來、老志答曰、老子無世不出、先塵劫而行化、後天極而常存、隱顯莫測、變化無窮、普度天下、良不可以具迷者也、踰年老志死、而仔昔恩寵寖加、冬十一月帝南郊、執大圭以道士百人執

蔡攸 君言之臣和之眞乎欺乎

徐知常

徐守信

李思廣

威儀前導蔡攸爲執綏官玉輅出南薰門帝忽曰、玉清園東若有樓臺重複是何處也攸即奏見雲間殿閣隱隱數重皆去地數十丈頃之帝曰見人物否攸奏有若道流童子持幡幢節蓋相繼而出眉目歷歷可識遂以天神降詔告在位即其地建道宮名迎眞華亭靜安寺有陳朝雙檜朱勔勸圖以進帝遣中使取植迎眞宮忽震雷碎其一遂止十二月詔求道教仙經於天下賜方士徐知常號沖虛先生徐守信靜虛先生劉混康玄妙沖和先生甲午春三月撫州有司奏王文卿尸解贈凝神殿侍宸沖虛妙還眞人吉安亦奏吉水李思廣仙去思廣自幼志操特異放情

三店嫗

林靈素

山水。得錢即易酒或獨飲於市年逾七十容貌愈少遊於螺川住習溪橋酒家店嫗以爲異來則飲之不問其值一日謝別老嫗晨起視之死矣報所親殮葬之月餘有客見恩廣於千里外衣冠如故歸語於人共開棺視之不見其戶帝命建觀祀之溫州方士林靈素初名靈噩字歲昌少從浮圖苦其師笞罵去爲道士入蜀遇右玄眞人趙昇求道數年授道術遣去往來淮泗間丐食僧寺苦之乃至京寓東太乙宮徐知常薦之召見靈素大言曰天有九霄而神霄最高其治曰府神霄玉清王者上帝之長子主南方號長生大帝君陛下是也其次爲東華帝君蔡京即左元仙伯玉

金太祖
完顏旻
收國
夏
雍寧
鼻洟所言
徵驗

黼即文華吏盛章劉貴妃即九華安妃、帝天喜甚加信幸、上帝嘗夢遊神霄殿以其言暗合、一日侍宴太清樓下、見元祐黨碑素稽首帝怪問之、對曰碑上姓名皆天上列宿敢不稽首、帝每以邊事爲慮、靈素曰遼方自顧不給何暇爲寇乎、是冬生女直完顏阿骨打叛遼、攻陷江寧州、乙未春正、阿骨打稱帝更名旻、太祖俞兒也爲金國號大金、建元收國、夏改雍寧、是秋襲黃龍府金主夜就枕若有扶其首者三、即起曰神明警我也、遂舉火行至混同江、無舟、金主遠見一人跨馬前導、自乘赭白馬徑涉顧衆曰視吾鞭指而行、諸軍隨之、水及馬腹、既濟使舟人測之不得其底、遂陷黃龍、邊吏具報汴京、帝召靈素曰

卿所言已驗前月有星流出於柳其光照地色赤黄有尾
柳非今春立桓爲太子後有不祥耶靈素曰此主宗廟有
喜建造宮室帝喜蔡京等表賀丙申春正賜靈素號通眞
達靈先生夏四月詔林侍宸大會道士於上清宮崇寧初
帝以未得子嗣爲念劉混康言京城西北地協堪輿形勢
少加高當有多男之祥帝命爲數仞岡阜而後宮生子漸
多益信奉道教蔡攸每逢迎之詔於景龍門對神霄門作
上清寶籙宮密連禁署宮中山包平地環以佳木清流列
諸館臺閣自皇城作複道通之以便齋醮秋九月帝上玉
帝徽號太上開天執符御歷含眞體道昊天玉皇上帝又

詔天下洞天福地修建宮觀塑造聖像忽宮中有祟白晝現形盜金寶奸嬪妃不得休息衆惶懼帝召靈素治之息而復作帝精意虔禱奏詞凡六一日晝寢見一道士碧蓮冠紫鶴氅手持水晶如意前揖曰奉上帝命來除此祟良久一金甲丈夫捉祟擘而啗之帝問金甲者何人道士曰所封崇寧真君關羽也面赤心還赤髯長髯更長

自道陵以後從無召將者至虛靖特顯其術驅祟也夫欲煉金丹必資土釜故仙師恒以上爇香以墨為釜亦土能生金之義合和四象變會中黃大丹既成香透九霄復何疑哉惜乎天覺之不悟也

關公隨呂祖宋庭捉祟非以封號也直欲顯岳公之降世耳奈徽宗不能傳示後人竟為檜賊所害

是時天子好道諸方士奔走闕下李思廣獨於情山水辭歸螺川真有嵩高處士也文御嘗曰庶幾似之

金
天△輔△

○○謝潤夫仙傳測字　○○張珍奴秘授道情

帝問張飛何在、羽曰飛與臣累劫兄弟、世世爲男子身、在唐爲張巡、今已爲陛下生於相州岳家、他日輔佐中興、飛將有功焉、帝問道士姓名、曰姓陽、四月十四日生、夢覺、召林言之、曰此呂仙師也、自是宮禁帖然、詔天下有洞賓香火處、皆正妙通眞人之號、塑像於景靈宮奉祀、丁酉春正、金改天輔帝幸上清宮、命靈素講道經、自是每設大齋、輒費緡錢數百萬、謂之千道會、一日講會時、有風癲道人求齋、畢欲面君謝恩、監門者力拒、道人欻至帝前、曰客要受齋及今焉可不謝、素惡夫蒙恩而不知報者、陛下好道誠美、顧

△董凝陽

此道非所宜好也。帝見其淒垢滿面，而談論侃侃，乃敬問曰：君非呂仙乎？答曰：臣姓李，不姓呂，將返入閩，至午未丙丁之春再謁北轅也。忽徜徉不見。帝驚異，以問靈素。林沉思曰：聞閩有李憬，其狀如此。詔立像於呂祖之側。夏四月，道籙院上章冊帝為教主道君皇帝，用於教門章疏內，與應能以靈素用事，約道友往王屋訪道，都不願行，應能屍解去。未幾，王仔昔有罪下獄自殺。張紫陽自王屋九年功畢，復返天台，於江陵遇董凝陽，語言相契，知亦受道於劉師，乃往太華相訪，得見海蟾，同謁鍾呂二師，謂曰：子本紫微天官，號九皇真人，因校劫運之籍不勤，遂與同事二人

道在於九霄

○黃晃仲

○于敬伯

○黃銓

○崔珏

並謫人間今垣中可見者六星潛耀者三子爲紫陽眞人汝南黃晃仲尚書爲紫元眞人維揚于敬伯爲紫華眞人今子與于洎一時被謫官吏皆已復歸清都惟晃仲沉淪宦海凡當爲人者十世今九世矣來世苟復迷妄合塵則淪墜異趣無復升仙之期矣子可一往使其覺悟庶幾返原紫陽承命時黃君在延平即往謁黃素習容成之道且酷嗜爐火年加耄矣語不契紫陽乃去復使人寓書於黃述敘仙契力欲振拔而黃終不聽惟自號紫元翁尋卒紫陽歎息將復俟其轉世而覺之其孫銓見紫陽之書收而秘之劉師遊行河北衛郡守崔重徽其上祖珏仕唐爲衛

之淇令古朝歌地水没民田珏設祭河上巨蛇列水面而死患遂息卒封嘉應侯令重微為政廉明民皆感頌有道人謁於堂下揖之坐不語但微笑雀巢之起取金相贈回視已失道人壁上題云

青龍降兮蟠白虎朱雀騰兮降玄武千朝火候感神功
白日冲昇歸紫府　秦川劉海蟾筆

重微即日解印棄家向西訪道至華山得見仙師拜求指授劉師贈以還丹賦令自揣摩微義百日師復來知其已悟大畧復為之詳說既而曰予本唐末人今改名遯字昭遠以子仁慈剛毅故直示而無隱子姑入世求道丹成時

引見上眞重微請沐請謁豪貴三年有得復西去帝惑靈素之言過令天下建宮觀又言青華帝君正晝臨壇及火龍神劍夜降內宮託天神降臨造帝誥天書雲篆爵加靈素號通眞達靈元妙先生加張虛白號通玄冲妙先生視中大夫靈素出入訶引至與諸王爭道都人稱道家兩府

張虛白

虛白人鄧州通太乙六壬留心丹竈遇異人得秘訣帝聞其名召主太乙宮出入禁中惟論道德無一言及時事帝或問之對曰朝廷事有宰相在非所敢知也見朝政日紊遂辭去遊武陵有崔婆者嘗飲之以酒虛白屍解郡人余安復遇於楊州因寄詩於崔曰

崔婆

余安

重和

宣和

(回)李綱

(回)楊時

武陵溪畔崔婆酒，天上應無地下有，南來道士飲一斗，
醉卧白雲深洞口。
詔童貫領樞密院事，作萬壽山於京師之東北一名艮嶽。戊戌
春，改元重和，己亥，改元宣和。春正月，改佛號大覺金仙，僧
爲德士，易服飾，稱姓字，寺院爲宮觀，尼爲女德從靈素之言。夏
五月，有龍見於軍器作坊，兵士取而食之。大雨七日，京城
外水高十餘丈。起居郎李綱言當釆用直言，以答天戒，詔
貶爲縣官。秋九月，詔封莊周、列子爲眞君。召楊時爲秘書
郎。時劍南人字中立，潛心力學，初舉進士，聞二程講孔孟絕學於
何洛，以師禮見顥，其歸也，顥目送之曰：吾道南矣。顥卒，又

㈣游酢
㈤夏元德
方臘
遼保大
十宋江
㈥張叔夜
二奚
㈥韓世忠
王淵

師事頤於洛頤瞑坐時與游酢侍立不去至門外雪深三尺歷仕皆有惠政德望日隆晚讀道德曰老氏以自然爲宗謂之不作可也○號龜山先生晉時有星墜於將樂縣治北遂成一大因名落星穴郭璞云五百年後此地當生大賢及時產於此人以爲應云庚子春夏改元德靈素有罪放歸田里是冬睦州方臘作亂攻陷婺歙衢杭等州辛丑三年遼改保大淮南宋江三十六人上應罡數得玄女夢授天書及黃白之術橫行河朔轉掠京東諸郡官軍莫敢攖其鋒張叔夜知海州宣諭朝廷德意江乃降即命從征方臘是夏童貫合兵進擊臘遁還帮源洞衆尚二十萬深據巖屋韓世忠爲王淵裨將潛行溪谷問野婦得徑仗戈直擣其穴格殺

與少昊時性同

昌虛中

數十人擒臘以出睦寇悉平秋七月黑青見於禁中自秋及冬禁中妖祟晝夜不絕聲若倒屋形如龜逕丈餘金睛行動腥血遍灑兵刃莫及或為人形驢形帝思驅之召靈素已於去年死矣其卒時得張虛靖詩遂謂其徒曰我逝後可舁棺出城南山下遇地拆處即吉穴也就其地掘深五尺遇龜蛇便可下棺徒依言舁至南山果有坼地掘數尺不見龜蛇下視不可測遂下棺葬埋平明視之四望坦然不知葬處使者歸述帝歎息不置內侍言有昌虛中者往來諸琳宮動履怪異飲酒無量自埋大雪中旬日不出或行水上如平地又善草書作枯藤遊絲之勢一舉筆數

回 謝石

干絡繹不斷人爭携帛以請往往不與又能治祟帝命召
之累日不得但於其遊息處得詩曰
逕指高峰笑一聲紅霞紫霧面前生每於塵市無人識
長到山中有鶴迎時弄玉蟾驅鬼魅夜煎金鼎煮瓊英
他時若赴蓬萊洞知我仙家有姓名
帝觀詩意以昌字虛中乃呂也自此祟亦漸止成都謝石
字潤夫博學知變得昌公之秘以析字言人禍福京師求相
者但隨意書一字即就其字離拆而斷無不奇中名聞九
重帝因書一朝字令中人持往試之石端視曰此非觀察
所書也中貴愕然石曰朝字離之爲十月十日非此月日

所生之天人耶中貴馳奏召至後苑令左右及宮嬪書字
示之論說俱有精義帝密令宋太子書一字乃以太字進
石曰太字必太子他日移置諸上豈非天子但點微橫耳
帝錫賚甚厚補承信郎緣此求者如市有朝士室懷娠過
月手書一也字持問石詳曰尊閤年三十一懷孕十三箇
月殆蛇妖也石亦有薄技可爲藥之無苦也朝士固請至
家投藥果下數百小蛇都人益神之一人遇於塗告以婦
不能產書日字於地石曰明出地上得男矣歸而果然石
知北方多故未幾歸蜀士人文覺戲以乃字爲問爲其無
所折也石曰及字不成君終身不及第壬寅春金克遼中

一夫覺

晉王淳　路允廸　矣妃　林愿　高麗王俁楷　金太宗晟

京遼主走雲中金人克西京遼奉晉王淳稱帝於燕京宋遣路允廸使高麗中流風作諸船皆溺獨路舟有神燈降於檣杪飄忽二千餘里膠泊一島詢土民是何神廟曰即女貞莆田人本朝都巡檢林愿之女生而神靈能預言人禍福矢心履救沒後鄉人立廟於湄洲之嶼興化東南海中與琉球國相望出白黑石可爲棊子允廸至廟祭之遂獲安濟奉使回奏勅揆靈應夫人畀封天妃證位碧霞元君高麗王俁嘗求醫於朝詔二醫往時俁卒子楷立楷謂醫曰遼兄弟之國存之足爲邊扞女直虎狼不可交也願歸報天子醫奏之不省是冬再約金攻遼克燕京遼主淳走天德癸卯秋金主旻殂弟晟立爲金太宗

天會　譚稹　譚氏二女

改元甲辰春金遣人來索糧宣撫使內侍譚稹不許詔罷天會稹以童貫代之稹人平欒族有二女誕山下及長修黃老之道不知所之一日里人以不雨爲憂二女忽至曰汝能餉我即可得雨里人未之信稹令試餉之二女甫去即大雨如注人知其神迫覓至山下呼則上應上呼則下應循至一巨石周圍無草木見其衣帶在焉是後恒見二女於石上掠髮因建廟山下祀之曰二仙祠張商英在河南見時事日非乃棄官去作子房桃中素書序至終南躡尋仙蹟見二道者採藥笑顧曰磕睡漢今醒了也商英驚異拜叩姓氏二人曰言乎近則范蠡張良言乎遠則岐伯風后金

△張珍奴

醒世良言
現身說法

紫浮名何異空花過眼子向從呂公之言成道矣雖商英問呂祖何在岐伯曰眞人修道於天皇顯跡於唐世道高願重領仙羣仙我等且尊之子何當面錯過商英即求指示二眞授以口訣令其自修是時呂祖遊至吳興遙見妓者張珍奴色華美性淡素至夕沐浴更衣炷香上告求脫去甚切乃化一士人訪之珍奴見風神秀異相敬殊甚士去明日又至往來月餘珍曰荷君眷顧已久獨不留宿何也士曰固自有意而汝每夜籲天實何所求珍曰失身於此又將何爲但自念入是門中妄施粉黛以假爲眞謳歌艷曲以悲爲樂本是一團臭膿皮袋借僞飾以惑人每歎

孫真人註惡疾論曰神仙數十人皆因惡疾而得仙道是塵緣都盡物我俱忘毫無轉念因禍得福也惜乎照鄰之不省美哉珍奴之善悟也

世之愚夫不自尊貴過我門者覷我如花情牽意惹留戀不捨非但喪財多致殞命妄罪愈重惟昕夕告天早期了脫士曰汝志如此何不修道珍曰陷於此地何從得師士曰吾爲汝師可乎珍即拜叩士曰再來乃可遂去珍望不至深自悵恨因作詞曰

逢師許多時不說些兒箇安得仍前相對坐懊恨韶光空自過直到如今悶損我

舉未竟士至見所書續其韻曰

道無巧妙與你方兒一箇子後午前定息坐夾脊開崑崙過恁時得氣力思量我

復與太陰煉形丹法。臨別作步蟾宮一闋遺之。曰。向後有官長召汝佐酒。欲聽道家詞曲。以吾詞歌之。當得脫籍。坎離乾兌分子午。須認取自家宗祖。地雷震動山頭雨。待洗濯黃芽出土。捉得金精牢固閉。煉甲庚要生龍虎。待他問汝甚人傳。但說道先生姓呂。

珍秘而不言。未幾黃覺能爲湖州守。飲應承奉。黃詢諸妓能爲道情詞曲者。俱無以應。珍獨以前詞奏之。黃訝曰。呂仙師過汝乎。珍具述所以。蓋覺能去年於東都門外旅次。見一羽士顏貌特異。時方具餚飲客。邀共飲之。羽士以水書一呂字。且曰。明年江南見君。及聞珍言。甚喜。即判與脫籌珍卯謝去呂祖飄然而至黄恭迎祖與大錢七其次十又次小錢三曰數不可益也吾以藥數寸遺子每歲旦以酒磨服可一歲無病遂去黄解任居東都至七十三歲錢數已盡藥亦垂竭乃終焉珍奴自是佯狂丐於市投僻地寄修逾二年尸解商英尋蹤至湖見珍曰此女大福已超物外矣我尚沉淪苦海何日方祇彼岸汲汲遍覓吉地起煉乙巳春聞金獲遼主延禧婦九主共二百二十年耶律大石稱帝於起兒漫西遼德宗建元延慶是夏宋封童貫爲廣陽郡王商英歎曰外起强敵國多災異況宦者封王古未有此亡可翹足而待也遂遠入滇南修道未幾度世秋九月有狐升御榻而坐責萊傭王宣德門下釋

种師道　姚平仲　欽宗桓　朱后　靖康

荷檐向門戟手詈曰太祖神宗使我來道尚宜速改也邏卒捕之下獄一夕方醒不知向所爲也有男子孕而誕子易孽母七人始娩朱氏妻年四十餘忽生髭髯六七寸詔度爲女道士種種怪異識者危之冬十月金兵分道入寇乃种師道爲兩河制置使姚平仲與俱赴汴童貫自太原逃歸帝以金師日迫避兵東幸李綱請假皇太子位號以守社稷帝即禪位在位二十五年太子桓即位爲欽宗尊帝爲太上皇帝立朱妃爲后丙午春改元靖康謝石歎曰立十二月也是月師潰黎陽金人渡河以李綱爲東京留守督諸道入援金兵圍京師綱力戰屢挫之來議和遣康王構爲質

种姚兵至詔統四方勤王兵都統制姚平仲率步騎夜襲金營方發金候吏覺之平仲被圍及脫精兵皆陷遂乘青騾亡命一晝夜馳七百五十里至鄧州方得食入武關以華山爲淺乃入蜀至青城復入大面山深山最深處逃世更逃生

九皇三眞同謫於世紫陽紫華皆得還原何獨仲晃沉淪莫援蓋八世日深則靈光日掩所以屢喚而不悟也況此世界爲慾海爲宦海爲苦海爲生死海一不自持失足墜焉塵塵刼刼流浪無邊未知何日還家矣又安得如紫陽者駕筏而渡乎

析字之術原有仙機非俗客所能謝石亦奉呂祖命來指迷耳不然今之測者且廣何竟不能如石耶

呂祖廣揚玄妙誓度凡胎其混迹京師意在商英也見其機緣將至故託范張轉度之耳不則終南樵牧之流何不能與二仙遇而天覺至恰便相値如此湊巧耶

珍奴失心出世祖師方寸慈悲得不憐而度之

十九
姚古

追而知為
正陽

○主谷神

○皮玄耀

○○○真豪傑兵敗逢師　○○假神仙吐液殞命

平仲山西大將姚古之族子初生時白晝有長人入乎曰老羌來歸也其父思晉羌姚弋仲剛介戇直因名平仲及長長八尺紫髯弈弈有萬夫之勇今入山觧騾倚石而坐忽覺心地清涼見一道者雙髻胡髯披襟坦腹自山岡而下曰汝為蠻觸上一點功名陷害二萬之命罪業不小平仲拜伏求度曰余漢鍾離也以事跡相類特來度汝況青城舊有王谷神皮玄耀二道士通老莊文列偕遊南嶽卜菴以修錬胎息還元老君迎之亦皆控碧驢上昇王封太微先生皮封太素先生子行蹤少似能堅修何患不躋斯域今於山

十陳東

洞靜養、平仲依言至九九日、即能出神入化、識往知來、自以爲有得、鍾相復至曰、此陰神也、不能久視、須得金液方號陽丹、因歌曰、

涕唾津精氣血液○七般靈物總皆陰○若將此類爲丹質○怎得飛升上玉京○

授以還丹之訣、令其混迹於俗、務積功行、庶成大道、平仲拜領而去、時金人詰責用兵、因罷李綱以謝之、太學生陳東及都民數萬上書、請復用綱、詔復綱、康王自金營遂、詔割三鎮畀金、召河南尹焞至京、賜號和靖處士、焞同祭酒楊時奏罷安石配享孔廟、未幾、焞還山、治開邊罪、竄蔡京

於潭州道死童貫蔡攸朱勔伏誅唐太和中青州牟山縣陳幼霞與張及甫同居爲學一夜俱夢至一處見道士數人令陳張書碑題云蒼龍溪主歐陽通子撰太皇眞訣字作篆文陳張記得四句云昔乘魚車今履瑞雲躅空仰途綺錯輪囷後題五雲書閣吏二人至曉共寤對言悉同自此相勉入道陳卒後升沉百六餘年託生於陳留蔡氏長字少霞性情恬和早歲明經得第標寓江浙間入選蘄州參軍秩滿還京蔡京父子重其行欲與之通譜少霞辭以族微久之再授兖州泗水丞遂於縣東二十里買山築室爲終焉之處深僻俯瞰龜蒙水石雲霞境象殊勝少

鹿幘人

玉人

霞世累早絕尤諧夙尚偶沿溪獨行忽得美蔭因憩神倦昏然不覺成寐夢中爲褐衣鹿幘人召去隨之遠遊至一城郭碧天虛曠瑞日曈曨人俗潔淨卉木茂鮮舉目移足惶惑不寧復被導之令前經歷門堂深邃莫測遥見玉人當軒獨立少霞遠修敬謁玉人謂曰愍子處心今宜領事少霞靡知所謂鹿幘人引立東廊止於石碑側指曰召君書此賀遇良因少霞素不工書極口辭讓鹿幘人曰但按文而錄胡乃拒違俄有二童自北而來一捧牙箱內有兩幅紫絹文書一齋筆硯俱付之去少霞凝神搦管頃刻而畢因復覽讀已記於心題云蒼龍溪新宮銘紫陽眞人山

玄卿

玄卿撰即巨源濤其文曰良常西麓源澤東濩新宮宏宏崇軒巘巘雕珉盤礎鏤楹棟梟碧甍鱗差瑤階肪截閣凝瑞露樓橫祥霓騶虞巡徼昌明捧關珠樹規連玉泉矩洩靈颸遠集聖日遐晰太上游詣無極便闕百神守護諸眞班列仙翁鵠立道師冰潔飲玉爲漿饌瓊成屑桂旗不動蘭蕙五設妙樂競奏流鈴間發天籟虛徐風簫泠澈鳳歌諧聲鶴舞會節三變玄雲九成絳霄易還徒語童初詎說方更周視遂爲鹿幘人促之忽遽而返醒然遂痛急命紙筆登錄自是兗豫好奇之人多詣謁訪其事有鄭還古者爲立傳焉時雖六賊既誅國事已壞遂深居自修未幾有道士

鄭還古

張永持　宗澤　岳須林　岳和　姚母　岳飛　在唐改名 在宋改姓　周同　李氏　魏中

張永持即及招遊勞山遇眞仙得受大道是冬金陷河東
諸郡遂陷西京詔康王使金至磁州守臣宗澤迎謁勸勿
往初相州湯陰岳和眞人須林五世孫存心寬厚妻姚氏
尤賢有娠晝寢一鐵甲丈夫入曰漢翼德當住此醒產一
子有大鳥若鵠飛鳴屋上因名飛字鵬舉時崇寧癸未二月望日生未幾
忽洪水泛決母抱飛坐大甕中隨水衝激抵岸母子無恙
少負節氣沉厚寡言家貧力學有神力未冠時學射於豪
士周同得盡其妙能左右射發無虛矢同死每朔望必至
墓祭奠父亦盡禮喪葬娶李氏奉母師於西牟山魏中伯陽
玩世得受兵鈐時鄉人多為盜母刺盡忠報國四字於飛背

孫傅
郭京

以誠之劉翰宣撫眞定募敢戰士飛與焉累擒劇賊王是康王授飛爲承信郎王在磁州出謁嘉應侯崔珏祠金人遊弈日至城下蹤跡王少憩祠中倏日暮潛歸朦朧際有人曰速起追騎至矣王驚起星光下見一馬跨而加鞭凡遇水際騰躍而過天甫明過相州部兵迎入其馬僵立視之乃崔府君祠中泥馬也右丞孫傅奏郭京能施六甲法破虜擇年命合六甲者七千七百七十人不問技能自爲調度朝廷信之上皇思張虛靖言赤馬紅羊之兆遣使往召金人圍京城要帝出盟遣使持臘詔至相命康王爲河北兵馬大元帥帥師入衛命郭京出禦金人兵敗而遁汴

張憲
第十一代
張時修
李若水

京遂陷乃冬十一月二十三日是日虛靖承詔至泗州天慶觀作頌曰
一面青銅鏡數重蒼玉山恍然夜船發移跡洞天間寶殿香雲合無人萬象閑西山下紅日烟雨落潛潛
青畢復語上首弟子曰有定主無常應心欲死神欲活不怕念起惟恐覺遲念起是病不續是藥言訖端坐而逝叔父武功大夫憲適至率士民葬之後知是日京陷虛靖無子衆議憲字象之孫時修爲嗣修曰吾從子也烏得後之衆曰法統所在孰尋而辭乃從時帝如金營議和留二宿還丁未春正帝復如金軍逼帝易服侍郎李若水駡賊被殺劉韐

龍圖[illegible]校夜從帝至白溝河大慟絶食死

張邦昌

雒道人

劉建慶

南宋高宗構

建炎

西遼康國

夏正德

皇子旉

自經死八十日乃就殮顏色如生二月金刼后妃太子宗戚至其軍獨孟后以廢居獲免宗澤敗金人於衛州十三戰皆捷金人議立異姓以少宰張邦昌爲楚帝是夏金以二帝等三千人北去雒道人者常遊於雒預知人休咎劉廷慶重之至是忽大哭於市別所知遠去計之乃二帝北狩之日孟后降手書俾康王嗣統羣臣固請正位乃即位於應天府南宋高宗改元建炎西遼改康國夏改正德遥上靖康帝號淵聖皇帝尊孟后爲元祐太后皇子旉生帝初有子二歲邢氏所生亦被虜朝州都將莞延攘爲已子帝探知許金帛贖取延詐言已死名寶术延死襲職遂隸金籍後爲共族所姤走入蒙古宗澤爲東京留守令岳飛大敗金人陞爲

一飛氏　十堯廷　十趙竇木　十張所　十黃潛善　十汪伯彥　十歐陽澈　◎李司倉　◎王老　◎道士

統制飛上書請駕還京奪官歸詔招撫張所黃潛善汪伯彥用事力排李綱尋竄綱於鄂州陳東復乞留撫州布衣歐陽澈伏闕上書潛善激帝怒殺二人於市安置張所於嶺南飛復歸宗澤金兵分道南侵遂陷西京京之勝業里初有李司倉者累世見王老賣藥知有道術心恒敬異待之有加故往來依止且十餘載李求隨入山王亦相招遂領僕御數人騎馬俱去行可百餘里峯巒高峭攀藤緣樹直上數里斷絕人跡王云與子偕行猶恐不達仙境非僕御所至李悉遣之與王至峰頂田疇平坦藥畦石泉佳景溠次至林口道士數人來問知邀嘉賓至相俟少坐李隨

至其居茅屋竹亭瀟灑可望中有學生數十人見王來集問其親戚或惆悵者云先生不在宜留此具廚飯蔬素不異人間為設食數日忽五色雲霞覆地有三白鶴隨雲而下書生各出如迎候狀有頃先生至問王老術以將人來此王謝罪諸生拜謁訖皆就房李亦入一室時頗炎熱李出尋一石泉將欲洗浴見白鶴數十從巖嶺下來至石上羅列成行俄而奏樂音響清亮李卑伏聽其妙音樂畢飛去李還說其事先生問得無犯仙官否答曰不敢先生謂曰君有官祿未合住此待仕宦畢再可來耳因命王老送去李拜別出問王曰先生何仙王曰魯公清臣知兩京將

十兀朮

十杜充
十撻懶
呂劉豫
十粘沒喝
回孔端友
能為是言、
豈得以虜
視之
十劉光世
十呂頤浩
十張浚
回洪皓

浚欲閉户教徒無復闢斯徑也、山中要牛兩頭、君後遇兵
燹時可送至此藤下、李唯謝歸、復出仕五年、及西京陷、買
二牛送去、王老坐藤下招之、各跨牛入山、戊申春、兀朮犯
汴、宗澤敗之前後上疏、為黃汪所抑、疽發背而卒、年七十諡忠簡
杜充代之、悉反澤所為、金撻懶圍濟南、知府劉豫叛降、粘
沒喝入襲慶府、衍聖公孔端友已隨駕南去、軍士將發孔
子墓、喝曰、大聖人墓安可發、殺其軍士、己酉春、喝趨淮東、
詔劉光世子、廷慶阻淮以拒兵、潰、帝奔鎮江、以呂頤浩拒守、
張浚次平江府、帝如江寧、改為建康府、冊專為皇太子、殂未幾遣
洪皓使金通問、拘留於冷山、秋七月、兀朮大與入寇、杜充

棄汴歸帝如杭杭州升曰臨安將定都焉是春季八百偶遊於杭謁方外曰觀汴之王氣移於此矣

李笈

濟南李笈寓僧寺見青衣道人林下劚笋笈揖之道人曰且來同食燒笋他日蜀中相會笈頓覺身輕神逸不復飲食至是入蜀訪道欲尋青衣仙

婁道明

聞梓潼婁道明年及百歲往採之則已死矣笈入金堂山仍遇八百共乘雲去道明家富善玄素術常蓄少女十人（便不是眞道）纔有孕即遣之復置新者不減其數晝夜迭御無休息面若桃紅或經日不食年九十七如三十許人尤好奇誕大言對客會飲或言玄女送酒素女送果彭祖容成輩遣書呂祖詭爲丐者叟吒使去祖以足踏石上成

兩方寂深可三寸婁始驚異延置座右出侍女歌遊仙詞侑酒祖口占望江南詞酬之。瑤池上瑞霧靄羣仙素練金童鏘鳳板青衣玉女嘯鸞笙身在大羅天。沉醉處縹緲玉京前唱徹步虛清曲罷不知今夕是何年海水又桑田。女進牋請書祖自紙尾倒書徹首字足不遺空隙婁請問道要祖曰已口口相傳矣汝知潯陽瞿莊乎（字祖休）其以孝友著名耕而後食惟以獵釣為事中年不復獵或問同是害生何為獨去其一莊曰獵自我釣自物未能頓盡故先節其甚者于是不復釣端居蓽門命徵並不就嘗曰豈以

劉法眞

餌吞鉤者耶予憫其不僞故贈以李將赴勝會子之妄誕何爲哉俄登門外大栢樹杪不見妻自是怱怱不樂未幾吐膏液如銀者數斗遂卒呂祖去遊華陰一道者伏地拜迎祖扶之曰子何爲也對曰僕乃劉法眞昨見黃雲漸近今猶覆頂故識聖眞降臨祖與之八觀觀其有原問其從來劉曰天寶中與二十人於壽春作茶各致一馱至陳留遇賊有人導去魏郡又遇一老僧令往五臺衆意山寺尚遠僧已知其畏勞昔因邀宿蘭若隨行如數里殿宇嚴淨滿空布舞多羅綿悉懷欽肅僧爲設法大啟方便齊發心出家願隨住持積二十餘年僧忽曰有大魔起汝輩必罹

其禍宜先爲之備不爾則當啟人法事令各長跪僧含光遍噴誦密法乘變爲石心甚了悟身不能移動須臾代州吏卒數十詣臺有所收捕至方大嚷曰何以但見荒草及石乃各罷去老僧即乘以水噀之尋復爲人始悟實遇神靈共禮拜請問曰師必是文殊師利菩薩僧曰然衆人更競精進後一月餘菩薩曰復將魔起必大索汝等且遠送汝等去咸令閉目戒云竊視敗若大事覺至地方開見大樹宜共庇之樹有藥出宜哺之遂三與一丸云食此便不復飢但當思維聖道爲出世津梁衆悲涕作禮即冉冉昇於虛空半日許足遂至地開目見太山林遇樵者問之爲

鄭華

十九人

廬山也行十餘里見大藤樹周廻可五六圍翠陰蔽日衆喜云菩薩所言是也各藉草而坐數月後樹出白菌鮮麗光澤恒飄飄而動相謂曰此即云靈藥當採而分食中一人曰鄭華給衆暫他適先摘食殆盡羣侶莫不慍詬責其違大師之教久之忽失所在仰視在樹杪安坐經七日遍身生綠毛有鶴翱翔其上因招十九人曰誠負汝然業已如是將捨汝謁上帝矣幸各自勉衆邀其下樹執別華不顧遂乘雲上昇衆因失藥各散還人間僕劍舐菌蔕便覺有異鍊炁絕粒居華陰雲臺觀為法師每三元日設齋見一人衣縫掖面黧瘦來居末座迨二十年而衣服顏色不

張公弼

政僕興而邀問、曰余張公弼住蓮花峯東隅、僕意此處無
人之境、請同往、怡然許之、曰此中甚樂、能便住、當無悶、遂
隨行三二十里、緣藤攀葛、纔有鳥徑、其崖谷峻絕、猿狖不
能過、而公弼履若夷途、僕從行亦無難、越至一石壁、削成
高直、下臨淵谷一逕、澗數寸、並側足而立、公弼以指扣壁、
中有人問為誰、對曰其、面峭壁可坐、
呼空谷自傳
平仲之英豪、而使功成閫外、寧肯棄榮華、投深谷、潛身
學道、惟兵敗無歸、始生道念、可見困窮顛沛、乃入道之
鞭策也、然惟真英雄能受此、庸夫則不然矣
父子猶性命、國家猶一身、徽宗不能為治、飄流數千里
外、猶之學者縱欲不自愛、致五行衰絕、四大分張、沉淪
業海、世人將疑奉道之無益、玄門可不大壞、要知其者
淫穢濁之氣、褻慢上帝者多矣、全家被禍、不亦宜乎、

○○○蘇園叟宜興遯跡 ○○○顏筆仙火裏飛升
送劃然開一門、別有天地、僕將隨入、其人怒謂公弼曰何
故引外人来因闔門復成石壁公弼曰此非他人是雲臺
劉法師與余久故、故請來此重啟門納之、公弼曰法師此
來甚飢、君可豊食遣之、其人問便住否、僕請以後期、其人
取一盂水、以肘後青囊中刀圭粉和之以飲、味甚甘香、而
飢渴頓除矣、公弼曰盍爲戲令法師觀之、其人乃含水噀
東谷中、俄有蒼龍白象各一、對對舞舞、甚妙、威鳳彩鸞、各
一雙雙歌歌、甚清頎之、促送回、僕問道長姓氏、公弼曰家
兄公超也、三弟公裕在海上立功、將近觀辭去、回觀處置事畢、却往

●黄若谷

上賓法師

尋之遠見青崖丹壑則步步險阻杳不可階因痛恨遇佛仙而心不堅常號天槍地遂成腰疾不能行遂伏望聖臨救拔祖曰子之道業過半爲心無所住致受折磨今更往峨眉拜求普賢則大行成矣子亦將遊蜀中法眞即負笈以從至青城山分路祖入丈人觀見道人黄若谷風骨清峻戒行嚴潔常以天心符水三光正炁治疾良驗得錢帛即以散施貧乏祖稱賓法師上謁留月餘所作符篆往往吹起皆爲龍蛇雲霧飛去斬妖召將必現形通言語足踏成雷目瞬成電呵氣成雲噴沫成雨善畫不用筆但含墨水噴紙自然成狀畧加拂拭而已每畫得錢即市酒與若

谷痛飲谷飲素無量而每爲賓所困問曰先生還可語我道否曰子左足北斗七星缺其一奚能成道更一生可也特不遠矣谷驚曰賓公眞聖人矣蓋其左足下有黑子作七星狀而缺一未嘗爲人所知復問壽幾何賓倒書九十四字作兩圓相圍之謂曰欲偕徐佐卿往遊越中卿別去若谷始悟兩圓相爲呂賓姓乃其字後四十九歲卒是冬杜充叛降於金諸軍皆潰驚擾之餘有術者周姓善相字云是謝石之徒執政呼之書杭字以示拆曰以右點配木即爲兀朮兀朮懼有驚報不旬日果傳兀朮南侵帝奔明州兀朮陷臨安帝航於海庚戌春正金人襲帝提領海舟張公裕敗之帝如温州停舟金鰲島下昔人夜泊

上冉從長
上郭萱
柳城
○甯采

然此逼視乃一金色巨鼇故名帝登遊見石壁有詩云○
牡蠣灘頭一艇橫夕陽西下待潮生與君不負登臨約
好向金鼇背上行○ 徐神翁題
帝驚歎久之顧侍臣曰朕初生時神翁進此詩於上皇而
化豈知應於今日乃還越州神翁於會稽會見呂祖問曰
公濟世心勤矣聞有郭上竈盧黃粱從未一顯其蹟於今
安在祖曰昔攻小技今諭大乘於貞元末開州軍將冉從
長輕財好士儒生道者多依之上竈叚曰柳城與秀才郭
萱謁之有畫人甯采圖竹林會（晉七賢）柳朏圖曰凡畫巧于
體勢先于意趣今欲設薄伎當出入畫中治之不施五色

令其精采殊勝冉驚求之萱相軋曰欲詣三尺童乎栁要其賭萱請以五千抵負冉爲保栁乃騰身赴圖而滅坐客大駭久之栁忽語曰郭子信未嘗自圖墜下指阮籍像曰工夫秪及此衆視之覺籍像獨異脣若方嘯於是得郭之采散與貧者○此其微功也申和中江淮有唐山人常居名山自言善縮錫頗有師之者盧生遇於楚州逆旅意氣相合盧亦語及爐火稱唐族乃外氏遂呼爲舅唐不能相捨因邀同之南嶽盧亦言親故在陽羨將訪之中途止一蕭山夜半語笑方酣盧曰知舅善縮錫可以梗概論之唐笑曰數十年重跡從師秪得此術豈可輕道耶盧復祈之不

已唐辭以師授有時日可達岳州相傳盧忽作色曰今夕須傳勿等閒也唐責之曰與公風馬牛耳不意盱眙相遇實慕君子何至驟卒不若也盧攘臂瞋目曰某刺客也如不得舅將死於此懷中探烏革囊出七首及勢如偃月執熨斗削之如札唐恐懼具述盧笑曰幾誤殺舅此術十得五六方謝曰某師仙也令某等十人索天下妄傳黃白術者殺之至添金縮錫傳者亦死拱揖間倏失所在後唐遇道流輙陳此事戒之神翁聞之拍掌稱快祖曰子將暫往江右遂別去

時韓世忠大敗兀朮於江中欲趨建康岳飛伏兵牛頭山長子雲年十二雙鎚截戰兀朮復出江世忠阻兵金山下兀

紹興
(廿)張憲
(廿)牛皐
十王貴
上蔡檜
(一)孔玠
(二)胡安國
(一)闕師古
(一)闕肇

木用火攻遁去徙二帝於五國城金立劉豫爲齊帝辛亥宋改元紹興以張浚爲江淮招討使岳飛副之張所遣子憲隷飛帳下三年十飛引憲雲牛皐王貴等討擊江淮悉平孟太后崩以秦檜頋浩爲左右僕射王子閏月孔端友卒以其子玠嗣家於衢帝育伯琮於宮太祖後德芳五世孫賜名瑗黙胡安國提舉仙都觀安國强學力行以聖人爲標的渡江後儒者咸以安國尹焞爲宗召張浚經畧淮河大將闕師古舉兵復淮鞏雲長後其從姪肇時爲新昌令喜道術建齋寶籙宮大集方士角技能一道者直前自贊取藥置掌中吹數過俄而紅暈四溢成寶輪相肇與衆競拜道招肇至峪

室謂曰幻術之誤人也由來矣貞元初蜀郡有豪家子富擬卓鄭名姝畢致每按圖求之媒盈其門常恨無可意者或言坊正張和大俠也幽房閨稚皆識之盍以投誠乎豪乃以金帛夜詣告之和欣許異日與之偕出西郭入廢蘭若同升大佛像之座和捫佛乳揭之成穴如碗即引豪臂挺身共入豪不覺在穴忽睹崇墉狀如州縣和扣門有丸髻婉童迎拜曰主人望翁久矣主人出紫衣貝帶侍者十餘見和甚謹和指豪曰君子也汝可善待乎有切事須返遂倏去主人延豪入堂珠璣緹繡陸海珍羞命妓進酌交鬟嫽鬢縹若神仙豪問之笑答曰此次皿也本擬伯雅豪

竟不觧三更主人顧妓曰無靡歡笑乎暫有所適揖而起騎從如州牧列炬而出豪因乞私于墻隅妓中年差暮者遽就謂曰嗟乎君何至此我輩已爲所掠醉其幻術歸路永絶君欲歸但取我教授七尺白練戒曰可執此候主人歸詐祈事設拜彼必答以練蒙其頸將曙方還豪如教行之主人投地乞命曰死嫗負心終敗乃事今不復居此乃馳騎去妓即與豪居二年忽思歸妓亦不留大設酒樂餞之飲蘭妓自持鍤開東墻一穴亦如佛乳推豪于外乃長安東城下乞食方達蜀家人云失去三月有此怪異子其省之遂辭去肇即揖退方士有自紹興來者言會稽山道

十關勝
三關鏈
上鍵婁
∠鈕萬兒
開封六

會之際有道人携凉笠至會散掛笠空壁而不墜吟詩曰
偶乘青帝出蓬萊、劒戟崢嶸遍九垓、我在目前人不識、
爲留一笠莫沉埋、
衆隨其後、倏不見、肇後每行陰德杜門謝賓祖復來授以正道。是夏岳飛破虜州、今潁州帝密諭屠其城肇勸飛請誅首惡赦脅從詔許之
書精忠岳飛四字製旗賜之、前濟州驍將關勝肇之從兒不肯
降金爲劉豫所害其弟鍵作鄆州司法性暴褊有傭嫗鈕
婆并携一孫名萬兒年五六歲、鍵妻有子名封六兩兒年
相等、常與開戲、每封六新製衣、必易其敗者與萬兒、一旦
鈕婆忽怒曰、皆是小兒。何貴何賤、彼衣新而我兒得其舊。

甚不平也。鍵妻曰。兩孫僕隸耳。那與吾子同。鈕曰。審不同
某請試之。遂引二兒悉納於裙下按之著地。鍵妻驚起奔
之。兩子皆爲萬六形狀衣服俱一。乃曰。此即同矣。鍵夫婦
大懼祈請懇至。曰。不意神遊至此。自此當敬事也。良久姿
以二子致裙下按之。各復本形。閙氏不敢復役鈕姿。乃別
居厚待。積年頗厭怠。私欲謀害。乘其醉。鍵以钁擊中其腦。
視之乃栗木長數尺。夫婦大喜。命斧斫而焚之。適盡。鈕自
室中出曰。何郎君戲之虐耶。言笑如前。殊不介意。鄆城人
咸知。鍵不得已。將白於招討使。入見。次先有一鍵已見使
言狀無異。鍵退歸。至家。復有一鍵先歸矣。妻子莫能辨

金熙宗亶

趙鼎

蘇雲卿

劉東道

家泣拜請求父之漸相近成一人鈕戒之曰汝夫婦俱矜驕恣橫不法故來陷汝汝心既平予亦無事遂去自後闕氏隊行從者數年鈕尚來留宿一日謂鍵曰北朝氣雖旺太剛易折也乙卯春金主晟殂其兄之孫亶立熙宗仍帝號天會

以趙鼎張浚爲左右僕射初廣漢蘇雲卿與劉藪道張浚爲友避難豫章結廬東湖上布衣草履獨居灌園織屨自給有餘則周貧人稱蘇園翁浚既相欲薦以代已馳書函金幣屬豫章帥及漕使曰余鄉人蘇雲卿管樂流亞近聞遁跡東湖其高風偉抱非折簡能屈幸躬造敦請漕帥遂往物色託爲行旅過其舍與語次問張德遠浚字何如人

張栻

蘇曰賢人也弟長於知君子短於識小人德有餘而才不足因問今何官二客曰朝廷起張公欲了此事蘇曰恐未便了得二客乃出書致幣力請共載蘇得書不剔佯期以詰朝翌旦守臣悉來迎伺扃戶閴然排闥入則書幣留案家具如故而蘇已隱去遺詩於壁云

多年別作一家風豈料聞名達帝聰自有侍人貪富貴

莫將富貴污蘇公後名其處為蘇公堤

曹帥復命浚歎息不已有見其與新昌令同行於宜興山中顏貌益少同儕不見名其峯下曰會仙巖夏四月楊時忽謂浚子栻曰吾將北謁太上皇矣栻以為激烈而言未幾卒年八十三

〔一〕陳得一

是時蒙古起兵預知有元一統

〔二〕羅從彥

〔三〕胡寅

何蘇

謚文靖是夏
皇崩年五十四常州布衣陳得一少遊張公洞遇善卷棲
數學能逆知未來事遂造統元曆獻上授欽天監隨隱入
二酉山劍南羅從彥初爲博羅主簿聞時得程氏之學深
慕之時方爲蕭山令從彥徒步往從見三日驚汗浹背曰
不至是幾虛過一生矣既卒業築室山中絕意仕進終日
端坐或行溪上吟詠而歸充然自得時晚得莊老之旨合
於聖門心齋坐忘之義從彥亦識其趣潛思力學任重詣
極學者稱爲豫章先生胡寅上疏言當遣問二帝詔遣何蘇使金蘇
少黠敏嘗與劉兼道遊武夷劉善鐵笛有穿雲裂石之聲
醉則步月而歸山中有鐵笛亭至是劉餞蘇曰知死信矣六月飛

受命討楊幺會帝召張浚還飛請少留八日遂擒斬幺果
八日而捷書至浚歎曰岳侯神算也浚還奏尹焞所學所
養詔徵爲崇政殿說書尋以疾辭歸初金人陷洛焞闔門
被害焞死復甦門人舁至山谷中而免劉豫聘之不從以
兵恐之焞自商州奔閬得程頤易傳於壻邢紹因止於涪
闢三畏齋以居常謂弟子曰金人慘毒太過其報必不遠
有友自北來者云金有蒙古叛在女直之北唐爲蒙兀部亦號蒙骨斯勁悍善戰夜中能視以鮫魚皮爲甲可捍流矢焞鼓掌曰是報金者矣丙辰夏岳飛以
母喪去官詔起復之飛上䟽請復中原不許乃還鄂丁巳
春正金司天楊級造大明曆成何蘚自金還始聞上皇及

亦知統元
復有太明
王倫
金
天眷
晏敦復
孫賣魚
是時天下
其可痛哭

太后喪帝成服以王倫爲奉迎梓宮使如金詔飛屯江州飛知兀朮惡劉豫用計間之金襲汴執豫廢之戊午春(金改)(天眷)帝定都臨安以秦檜同平章事吏部侍郎晏敦復有憂(明眼)色曰姦人相矣朝士以其言爲過靖康時楚州孫賣魚者盛暑遇一道人曰汝魚餒矣飲我可使活遂飲以斗酒與言竟自而去視魚果活自是通曉古往事決人禍福輒應有同伴漁人夜釣於龜山之足其鉤爲物所掣因沉水見大鐵鍊繞一物形如青猿昏昏如睡腥穢不可近尋孫問之孫曰神禹治水所鎮制之支無祈也後孫於亳州太清宮號咷痛哭記其日則汴京陷也及相檜復號於市曰宛

哉中原不可復矣遂入鉢池山不出高郵顏姓者少落魄不羈鬻筆自給遇管城子授以道術置筆於竹筒買者納錢其中筆自躍出日售十枝則止建炎初轉運使過境見之問能飲否曰能飲一斗飲畢長揖而去遺筆籃於舟轉運俾左右取還之盡力莫勝乃追之使自取顏至笑携去凡買其筆者剖視管中必有詩或偈紀其破碎年月及人姓氏禍福無不驗者因號筆仙時年九十七忽向人曰不可留矣積葦庭中坐其上自舉火焚之在烈焰中俯謂下人曰我以恢復無時姦人擅政不忍患良戮辱故先去耳乘火雲飛昇王倫偕金使來議和歸地秦檜力主之李綱趙鼎

銓

栗松

胡銓尹焞朱松等上疏切言其非檜皆不省已未春以和議成大赦張浚極言不可恃岳飛上言相臣謀國不臧檜深銜之以王倫爲東京留守帝爲檜治第詔百官往送酒中優人致誦語自曰參軍褒衣博帶誦檜功德一伶以荷葉校椅從之詼語雜至賓既歡洽參軍將就椅忽墜其幞頭乃總髮環爲雙疊勝伶指問此何環曰二勝環音同而物異事戲而意眞

從外入者不是家珍修身而專事房術猶日就礪石而翼其堅厚有是理乎無怪乎終身之所積傾於一朝而斃也此吾所以服膺參同悟眞之妙

高宗金鼇之登欲其重闢河山斷鼇立極之意

幵檜既相衣冠禮樂於爲淪棄顏仙之火解亦示[illegible]之禮不居幽暗之鄉耳雲卿之遯並見先機

吳璘　劉錡　寗瑋

蕭然仙元照羽化。揵爲郡崔綬神還
伶遽樸其首曰爾但坐太師椅請取恩澤二聖還且掉腦
後一塵失色檜怒下二伶獄殺之俄悉變爲樹枝獄卒以
聞檜猜衆優窮問言二人以善諧謔强欲獻技實不知其
所自也葢須彌大演仙官　王倫如金會撻懶謀反伏誅拘
倫於河間後縊殺之　庚申春隴西公李綱卒於福州謚忠定　兀朮
復陷河南陝西州郡吳璘敗之於扶風復其城烏祿圍順
昌東京副留守劉錡敗之兀朮大軍續至錡破其鐵浮圖
岳飛進復西京郡縣人民連遭兵火飢疫洊至死亡相枕
先是符離城天慶觀道士寗瑋少年談諸子有奇趣一日

辰興有賣藥道人，倏然儀狀，至觀與寗共談，自云抱樸子為救世難，指迷藏道，往來於九天使者之廟。瑋問使者何神。抱樸曰：玄宗於開元中，夢羽衛乘騎集於空，一人朱衣金冠，下謁曰：九天採訪巡糾人間，欲於廬山西北置一下宮，自有木石基址，但須工力。明日即遣中使詣山西北，果基跡宛然，信宿有巨木數千段，自然而出，非人所運，堂殿廊宇，隨數致木，皆得足用。昔九江王所採擬作宮殿，沉於湓浦。及鳩工材木併至，不用築基，自漸化出，常有五色神光照燭，晝夜揮斤運斧，畧無餘假人力。忘倦旬日告成。中使夢神人曰：赭堊丹綠，廟北地中尋之自得。依言採以充用，一無所闕。玄宗訪與事、於司馬承禎對曰、山瀆血食之神、以主祭祠、太上慮其妄作威福、以害烝黎、分命上真監蒞川岳、有五嶽真君、又命青城丈人為五嶽之長、潛山司命主九天生籍、廬山使者執三天之符、彈劾萬神、皆為五嶽上司、盍各置廟、以齋食為饗、是歲五嶽三山各置廟焉、既而建昌渡有靈官至百餘人、皆衣道士服、言詣使者廟、今圖其像猶存、予故悄寄跡於彼、因以老莊要旨授之、曰吾觀禪學、縱于經高與自立門戶、源流授受、其實本於老莊、臨別題詩扉上、

松枯石老水縈迴、個裏難教俗客來、據眼試看山外景、紛紛風急障黃埃已寓金人亂華之意

拜伏地求度、慰曰、容再睹、越數日復至、適他往、更題二絕、
秋景蕭條葉亂飛、庭松影裡坐移時、雲迷鶴駕何方去、
仙洞朝元失我期。 附傳丹篆千年術、口誦黃庭兩
卷經、鶴觀古壇松影裡、悄無人跡戶長扃、
拜歸歎息曰、惜緣薄、不能再見、每刮其字、療疾良驗、入木
寸許不滅。後詣羅浮、遇葛公度土
獲時岳飛留大軍於潁昌、兀朮以拐
子馬來戰、飛命以麻扎刀斫其馬足、兀朮復益兵來攻、岳
雲以背嵬兵敗之、復懷衛州、飛修治諸陵、至朱仙鎮、去汴四十
五里、兀朮欲北去、自燕以南皆密謀內附、秦檜方欲議和、諷
臺臣請諸將班師、以金字牌召飛還、飛憤惋泣下、乃引兵

張九成
文昌化世

[illegible]

金
皇統

張俊

還鄂百姓從者如市。河南郡縣復陷。檜以張九成等七人
訕謗貶官有差。九成從楊時學紹興初進士第一。貶知邵
州究心理學旁通釋老自稱無垢子。註心經等書恒遊於
道院僧寮開州城外。有呂仙遺跡往觀之有呂道人索飲
初有老嫗賣酒
偶無酒嫗與所餘濁酒一升。問價嫗曰。每升錢二十。呂以
指蘸酒書二十字於門外柴石上而去。屢經風雨不磨。好
事者。轉其石。字跡下透。觀者不更探索於黃庭道德諸經
絕。酒肆大售。因其地建集仙觀。
竊其旨趣。凡遇道流必懇切咨問。檜復諭世忠還鎮辛酉
金改皇統兀术陷壽春。詔張俊劉錡救之。金兵奔遁。詔班師。以
世忠張俊為樞密使。岳飛為副使。尋罷飛為萬壽觀使。檜
罷執舊馬
嗾部下於大理獄。和議成。奉表稱臣於金。除夕。檜縊殺飛

道月

銀瓶

韓子辰

於獄年三十九。憲雲棄市。是日黑霧四塞。公曾夢兩犬爭言、渡江時聞金山寺僧道月有宿德、往叩之、因白以夢。道月謂二犬言獄字也、勸以潛身遁跡、可免風波之難。公笑而不信。事發、難乃在風波亭下、在獄中。今爲司獄司、檜籍公家貲徙於嶺南、女銀瓶投井死、世忠罷爲醴泉觀使、遂杜門謝客、時跨驢携酒縱遊西湖、澹然自樂、若未嘗有權位者。族子子辰深敬蕭山武元照。元照民家女、方在抱、母若茹葷則終日不乳、茹菜則乳。及長議適人、女不樂、夜夢神人告曰、汝本玉女、坐累謫塵境、汝宜休糧棄人間事。及覺、母強之食、又夢神怒其違戒、剖腹取胃、滌諸至盤、復納於腹而縫之。

司馬承禎後復見有此。

張妾

因授靈寶大洞法及混合眞人印俾濟世。自是以符水療人疾遠近求請視病、命二僕肩輿以行不煩裹糧、但取二桃呵氣與食則不飢錢塘陳氏女忽昏瞶累日不知人事請道士設醮禳忽火起壁間倉卒。奔走火亦止以書迎元照陳女啟門笑語若無疾者照携宿三夜女體泰然韓子彖邀照設榻留之夜寢不聞喘息侍女見青雲起鼻端一縷兒長三寸許色如碧琉璃光射一榻盤旋腹上頃之不見張俊家一妾有娠過期不產請照往視諸妾羣立照獨指孕者咨歎曰爾前生爲樵夫嘗殺大蛇今故讐汝在腹食汝五臟盡乃已遂書二符授之妾如戒焚符以水服

西遼夷列 紹興孔璠 孔拯 劉子羽 薛孔昭 顏道士

之產一大蛇俊大駭被禮復如韓氏留歲餘至是欲歸止之不可旦日登舟歸蕭然（許詢常築室於蕭山蕭然自放故名）即端坐而逝棺殮之若委蛻壬戌春（西遼仁宗夷列紹興元年）金衍聖公孔璠卒（金主）興禮樂上京亡孔子廟去冬求其後得四十九代孫承奉郎璠封之子拯嗣金人歸徽宗鄭太后及邢后之喪韋太后至自金大赦加秦檜太師封魏國公尹焞謂劉子羽兄弟曰（韐子）生往死還不思報復轉加悞國之蘇殊禮時事若此吾何留為遂向北端坐而逝乎羽以此言上奏罷為提舉江州太平觀觀中道士薛孔昭有高志常有顏道士過訪薛與談道深通玄奧因言㨗為郡東十餘里有遺觀嘗居之（在深巖中不倚四壁）殿有石函（長三尺餘）

〔尹真人〕

崔綬

其上鑿烏獸花卉文理纖妙隣於鬼工而緘鎖極固里人相傳云是尹真人石函將上升以函付弟子約之曰此中有符籙慎不得啟啟必有大禍大曆中有清河崔綬為郡守綬素剛果聞有石函謂屬官曰新垣平之詐見矣即詣之予勸曰幸君侯無犯仙官綬怒曰尹希死久安有函乎予更確其詞綬命破鎖堅固不動且以巨絙係函鼻用數十牛拽其絙鞭驅之半日始開中有符籙數十軸以黃縑為幅丹青其文皆煥然綬顧予曰向者意有奇寶復令鎖之既歸是夕忽暴卒後三日而蘇其官屬將吏悉詣問綬曰吾甚懟遂為冥君所攝初一紫衣至曰奉命召爾拒則禍益大憂而欲辭不覺俱

五

至冥司其官即故和邑公謂曰子何開眞人亟乎召掾吏按祿壽之籍吏白曰綬有官五任有壽十七歲今奉上帝符奪任削官壽僅二年故聽還未幾果去任越二年而死劉氏兄弟皆篤信非綬比也子可依託臨去贈詩曰

落魄薛高士年高無白髭雲中閒臥石山裡冷尋碑誇我飲大酒嫌人說小詩不知甚麼漢一任輩流嗤同三客作

孔昭知為洞賓既得訣求子羽助鍊貲捐祖遺山田百畝給之弟子翬叩以道要薛曰君家皆本忠孝僕聞君子澤流五世曷大劉門其在四世乎不必更訪玄學也況君之道成當先於僕子翬時為朝奉郎直秘閣端慤清介嶷老稱屛

山先生甲子春卒未幾薛亦化去時相字謝石復遊臨安帝微行遇之舉杖於地一畫令相之石曰土上加畫王字也因請再書帝又杖寫一問字為垣土所梗而旁斜側石驚曰左看是君右看是君非主上而何帝曰毋多言明當召卿次日召見偏殿書春字命相石曰秦頭太重壓日無光帝默然賜賚命出檜聞之甚憾陰以事中之竄遠嶺表令一卒押行中途遇一人依山而立稱善相字石因寫謝字問之曰寸言中立身一術士耳又寫石字與相曰石逢卒則碎子同行者卒也行將謀子卒驚告誠有指使其人問卒何姓卒云姓皮曰皮近石為破子其不返乎卒願不敢

曹三香

非爲可脫難否曰數定難逃石謂其人曰觀子行藏人立
山傍于其仙乎其人笑而不答轉盼失其所在卒罹瘴疫
死於道石爲棺殮埋之後石復遇其人問姓字曰孔昭因言國勢如水火不敵況有決隄之
人吾將棲足深山不恐見也石乃隨之去樂平縣河水如虹井中水亦高溢穿
墻毀樓闕於杉墩聲如雷數刻乃各復其故浙閩大水趙
鼎上言水主北方沉濫於南宰臣當決機禦之檜知刺己
徙鼎於吉陽軍先是安豐縣娼女曹三香得惡疾拯療不
痊貧甚爲客邸以自給有寒士來託宿欲得第一房主事
僕拒之三香曰貧富何擇焉便延入士聞呻痛聲問其故
僕以告士曰我能治之三香求視士以箸針其股曰回心

同心三香問何姓亦曰同心門外有皁莢樹甚大久枯死云士以藥一粒寘樹竅中以泥封之俄失士所在是夕樹生枝葉至旦蔚然三香疾頓愈悟回之爲呂遂棄家尋師邑人於其地建呂真人祠

高五娘

呂祖遇於荆門謂曰開元末洛陽高五娘美於色再嫁李姓者李恒以黃白自業高氏能傳其法結好和睦已五六載一夕五更後聞空中呼

李方

李芳一聲即披衣出門語畢還謂高曰我天仙也以微罪謫世今責盡天上所由來喚既不得住多年繾綣能不悵然去後君宜以黃白自給愼勿傳人亦不得爲人廣於黠鍊非特損汝尚恐不利前人言訖飛去高氏初依其教後賣銀居多爲坊司所

李齊

李澤

龍華眞人

晉時嘗習解定於此

朱熹

告河南少尹李齊知其事釋而不問密使人召至前後為燒十餘兩銀器齊復轉聞朝要不一年李及高皆死此天罰也予有丹道欲傳恐子亦如是三香跪而祝咒始授之即覓靜處密鍊至是還鄉顏貌韶秀遊息桐中邑老人猶有識之者武翼大夫子澤為郡守召問之言呂師近在龍華山聽龍華眞人談道故暫回耳趙鼎遣使密問國運否曰聞眞人云天地示警不省將見輔喪國削使問眞人為誰曰漢陰皇后之宗乙丑秋篲現張浚因論時事貶於連州丙寅冬劉子羽卒初吏部郎朱松有疾以家事託子羽乃築室居之旁舍教其子熹與巳子均卒以道義成立彰

劉均

①白雲片鶴

夏

天盛

金廢主完顏亮

天德

①施全

孔搢

西遼承天皇后

武延安全明有道士稱白雲片鶴宣和初遊汴見鼎大呼曰中興名相他日於吉陽相逢晚年被竄與白雲相見云曰憶疇昔之言乎公將歸矣鼎問何適曰覲北國之變更也遂辭去丁卯秋鼎果卒戊辰金太師兀朮卒以完顏亮爲左丞相己巳夏改天盛冬亮弒主亶而自立改元天德大殺宗室淫亂無倫復遷於燕宋臣皆言金主無道當伐檜不許庚午春施全刺檜於道不中檜執訊之全曰舉天下欲殺虜汝獨不肯我故欲殺汝也詔磔於市辛未秋咸平王韓世忠薨甲戌夏衍聖公孔玠卒子搢襲封西遼主夷列殂遺命其妻權國事承天皇后改元崇福乙亥秋檜欲以謀逆陷張浚諸賢適病不

崇福

李季

劉永年

能言詔封檜建康郡王令致仕是夕死行紹檜病時遣方士
李季往桐栢山設醮至紹興嵊縣嶀浦李以溪山奇秀憩
於道旁一人問季何來曰秦太師遣往祈禳笑曰檜惡貫
盈已死受報何必前往季驚異其人即不見比至天台則
檜之訃聞至矣天台張仙翁道成受命於上帝為紫玄真
人默相皇家常隱顯於世莫之識也楚人劉永年夙挺靈
根於戊午八年遇仙翁親授口訣仍訓之曰但看叅同契
與我訣符永年謹依觀之道理昭然絕無小惑廣求衆本
愨誠校正印行於世使好道者得悟真趣又於壬申歲刊
行叅同契分章通真義自號順理廣益子矢志度世每謂

金 正隆 回陳康伯 虞允文 王剛中 金世宗雍 大定

人曰檜賊雖獲善終而冥律難逃時詔治秦檜黨皆竄遠
州復張浚胡寅九成等官明年寅卒丙子夏金改正隆淵聖帝崩於
金已卯春張九成提舉江州太平觀上言金必敗盟因薦
陳康伯朱熹可用夏六月忽有吏兵數百云從玉局來迎
星主回宮是日危坐而逝是秋召朱熹不至陳康伯為右
僕射庚辰冬遣虞允文如金賀歲金主曰我將看花洛陽
允文還奏康伯請用吳璘劉錡王剛中辛巳秋金大舉入
寇剛中潑璘破走之金主渡淮錡次淮陰阨之冬十月金
人立烏祿於遼陽更名雍為世宗改元大定和州東北四十里有西楚雄威猶在
霸王廟山不高而草木蓊鬱令然殺氣奪人亮欲渡江乞

一洪邁
回孝宗昚
十魏勝

杯珓不吉亮怒令焚廟俄有大蛇遶出屋梁殿後林中鼓譟發聲若數千兵風沙驟起亮大驚左右駭散帝親征康伯奏請允文叅謀軍事亮趣揚州軍臨采石允文大敗之亮為其下所殺壬午金使來聘帝遣洪邁（皓子）賀之夏五月帝稱太上皇在位三十六年傳位太子昚（為孝宗 瑗更名）召張浚宣撫江淮追復岳飛官禮葬於棲霞嶺（官其子孫六人）去歲秋宿遷魏勝起兵復海州今詔知海州善用大刀能左右射揭旗曰山東魏勝金人望而却走（善兵奪敵不戰屈人）

世俗貴客炫燿鄉里轉眼之間煥赫已還寂寞三杳之仙去重來亦似榮歸故里第視夫衣錦還鄉者其相去為何如耶